京都カフェ日和

ときめくお店案内

アリカ 著

CONTENTS

京都 カフェ日和 ときめくお店案内

京都 カフェ日和
ときめくお店案内

掲載店全体MAP

この地図は本書掲載店のおおよその位置を示したものです。お店を選ぶとき、お出かけになるときなどの目安としてお役立てください。各店の詳細な所在地は、各店記事に掲載されている個別の小MAPをご覧ください。

＊店名の一部を省略している場合があります

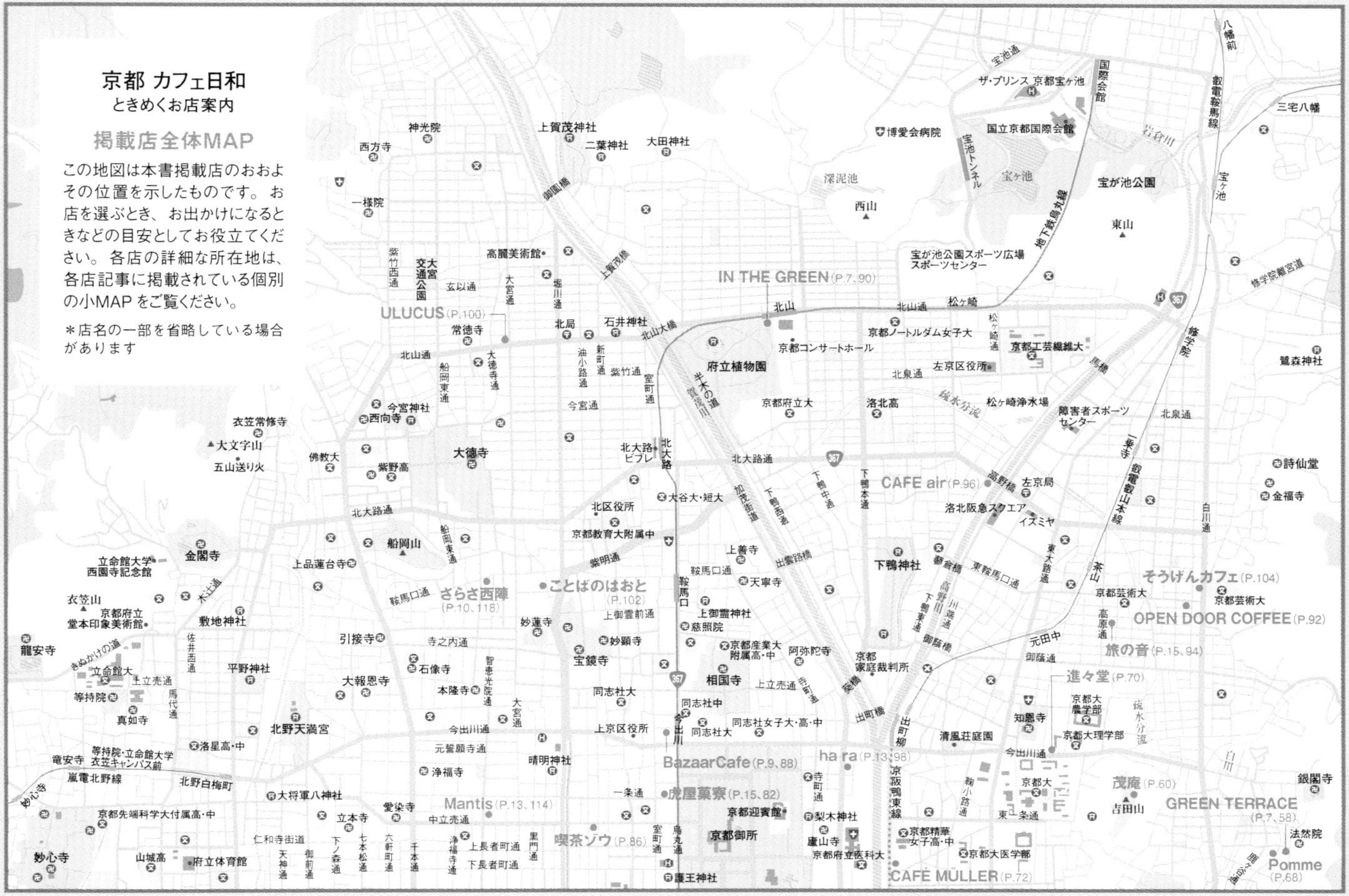

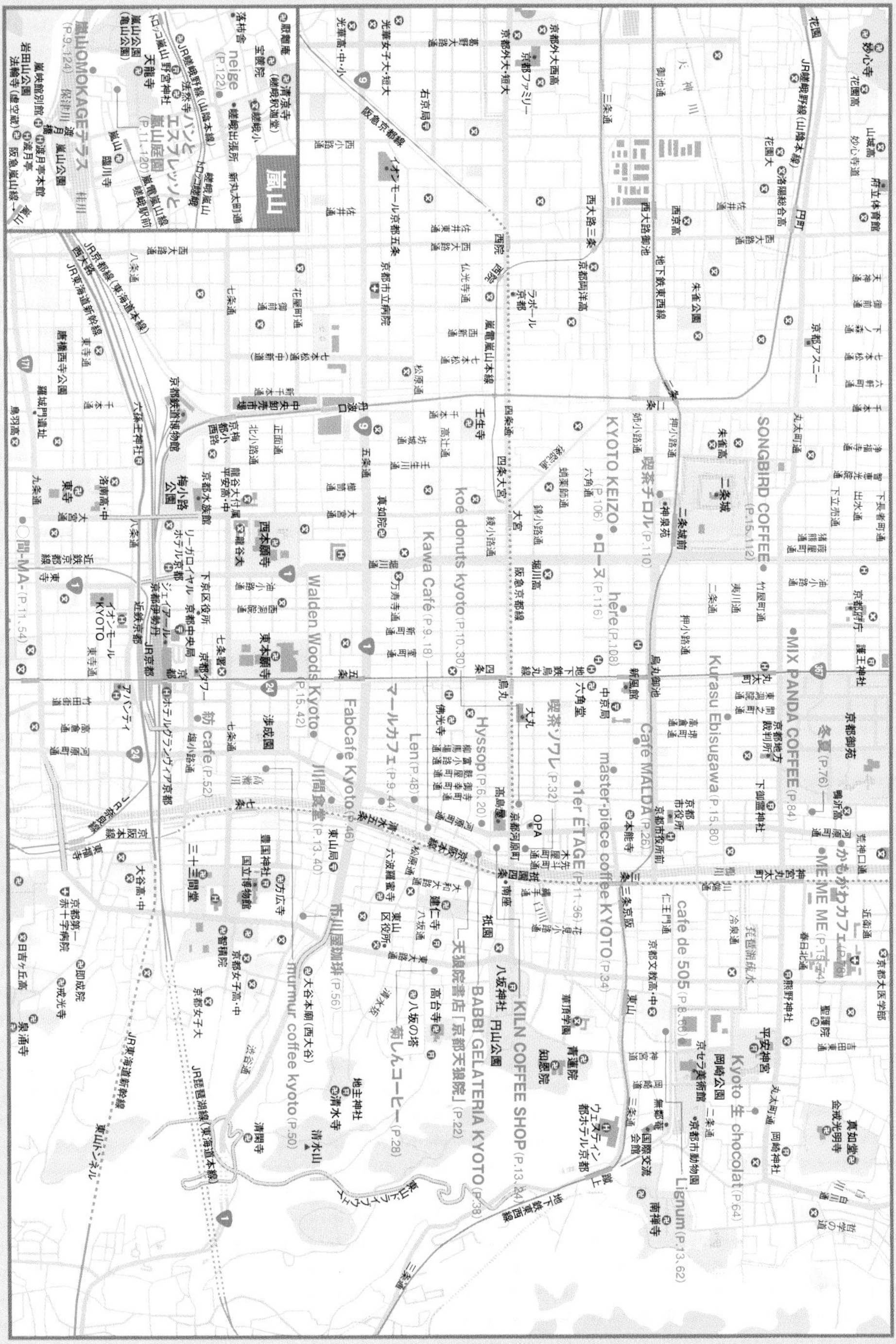
嵐山
嵐山OMOKAGEテラス(P.9,124)
neige(P.122)
パンとエスプレッソと嵐山庭園(P.11,120)
SONGBIRD COFFEE(P.15,112)
喫茶チロル(P.110)
KYOTO KEIZO(P.106)
ローヌ(P.116)
here(P.108)
MIX PANDA COFFEE
Kurasu Ebisugawa(P.15,80)
冬夏(P.76)
かもがわカフェ(P.70)
ME ME ME(P.13,74)
Kyoto 生 chocolat(P.64)
Lignum(P.13,62)
cafe de 505(P.8,66)
Café MALDA(P.26)
master-piece coffee KYOTO(P.34)
1er ETAGE(P.11,36)
喫茶ソワレ(P.32)
KILN COFFEE SHOP(P.13,24)
BABBI GELATERIA KYOTO(P.38)
天狼院書店「京都天狼院」(P.22)
菊しんコーヒー(P.28)
Hyssop(P.6,20)
koé donuts kyoto(P.10,30)
Kawa Café(P.9,18)
マールカフェ(P.9,44)
Len(P.48)
Walden Woods Kyoto(P.15,42)
FabCafe Kyoto(P.46)
川間食堂(P.13,40)
市川屋珈琲(P.56)
murmur coffee kyoto(P.50)
cafe(P.52)
間-MA-(P.11,54)

introducing featured

ここに注目！気になるあのカフェ

オープンエアーで心地よく

緑に囲まれたテラスや開放的なルーフトップ。風が通り抜け、太陽の光がやさしく包む空間で、心地よいひとときを過ごして。

頭上から陽光が注ぎ緑が映える癒やし空間

焚き火スポットには火が揺らめくことも

カフェ・レストラン&バー
Hyssop
かふぇ れすとらん アンド ばー ヒソップ

P.20
四条河原町

フロア中央に設けられた吹き抜けのウッドデッキには、ウッドチェアやソファが。壁を覆うのは京都に自生するテイカカズラで、〝この土地ならでは〟の自然を町中にいながら感じられる。

チーズケーキ
柑橘のソース 850円

02

riverside café

GREEN TERRACE

リバーサイド カフェ グリーン テラス

P.58

蹴上

琵琶湖疏水に面し、せせらぎが心地よく聞こえるテラス。広めのソファ席では、四季折々の美しさを見せる哲学の道の風景を眺めつつゆったりとした時間が過ごせる。散策の途中などにぜひ訪れたい。

ソファに身を預け 散策途中にひと休み

バスチーパフェ 700円

IN THE GREEN

イン ザ グリーン

P.90

北山

店内の半分ほどを占めるオープンテラスから眺められるのは、隣接する京都府立植物園の木々。植物園を散策したあとにひと息つくのもおすすめ。緑に癒やされながらリラックスタイムを過ごせそう。

緑あふれるテラス席で 森林浴気分を

はちみつレモンと塩バターのワッフル 900円

木々の緑と広い空に
癒やされて

四季折々の風景を
疏水のそばで満喫

04 cafe de 505

カフェド ゴマルゴ

P.66

岡崎

京都国立近代美術館１階のミュージアムカフェ。観覧チケットがなくても利用可能な琵琶湖疏水に面したオープンテラスからは、四季折々の疏水や木々の風景を眺めることができる。特に春の疏水沿いの桜並木は必見！

あさりと京都九条ねぎの
お出汁パスタ 1200円

06 嵐山 OMOKAGEテラス

あらしやまオモカゲてらす

P.124
嵐 山

嵯峨嵐山文華館に併設の落ち着いた雰囲気のカフェ。石庭に配されたテラス席から秋は紅葉、春はしだれ桜、初夏はサツキツツジなど季節ごとの美しい風景を眺めてホッとひと息。テラス席はペット連れも OK。

宇治抹茶ティラミス
〜とろ湯葉仕立て〜　610円

情緒あふれる石庭で 嵐山の自然を愛でる

05 Kawa Café

カワ カフェ

P.18
木屋町高辻

春と秋は大きな窓を全開に、そして５〜９月には京都の夏の風物詩である川床が登場。目の前に広がる鴨川や東山三十六峰の光景を眺めながら、フレンチやスイーツを味わえる。清々しい川風が吹き抜け、つい長居してしまう。

セットメニュー
1500円

夏の京の名物・川床を カフェで堪能

心地よい風が吹き抜ける ヴォーリズの洋館

干しエビの
ココナッツカレー　700円

08 BazaarCafe

バザールカフェ

P.88
烏丸今出川

アメリカ人建築家・ヴォーリズが手がけた洋館を生かしたカフェ。木の温もりがやさしい店内や緑に囲まれたテラスに、のどかな雰囲気が漂う。ハンモックに揺られる人がいたりと、自由に過ごせる空気感が心地いい。

ビルの屋上から 東山・鴨川を一望

マールバーガー
1650円

07 マールカフェ

まーるかふぇ

P.44
河原町五条

河原町通に面したビルの最上階。開放的なテラス席からは緑豊かな東山や清水寺、八坂の塔などの名所を眺めることができる。心地よい絶景とともに、週替わりで登場するパスタやカレー、豊富なデリを堪能して。

素敵空間で ゆったりくつろぐ

古民家を利用した店やこだわりのインテリアなど、建物や空間にも魅力あふれるカフェの数々。日常を忘れリラックスタイムを。

竹かごが生み出す やわらかな光と影

koé donuts kyoto

コエドーナツ キョウト

P.30

四条河原町

白を基調とした空間は、建築家・隈研吾の設計。繁華街に位置するとは思えない広々とした店内には伝統的な六ツ目編みの竹かごが吊るされ、そこから漏れる光が温もりとスタイリッシュさを演出している。

ドーナツメルト ストロベリー　935円

色とりどりのタイルが美しい 昭和レトロな元銭湯

さらさ西陣

さらさにしじん

P.118

鞍馬口智恵光院

築約90年になる元銭湯の意匠を生かしたカフェ。板張りの床の脱衣所や、カラフルなマジョリカタイルが張られた浴室をそのまま使ったレトロでかわいい店内で、ボリューム満点のフードメニューや自社焙煎珈琲が楽しめる。

トルコライス 1200円

扉を開けると別世界
甘い香り漂う空間

03 1er ÉTAGE ドライフラワーと喫茶。

プルミエ エタージュ どらいふらわーときっさ

P.36

御幸町六角

天井には乾燥中のドライフラワーが吊り下げられるなど、色とりどりの花で飾られた絵画のような店内。季節ごとに様々な種類が並び、アンティークでそろえられたテーブルやソファとも好相性。

チョコレート
ブラウニー　550円

築100年以上の重厚感
京町家で味わう多彩な日本茶

茶漬け菓子
－茶妙－　1430円

05 ◯間-MA-

ま

P.54

東 寺

築約100年の元炭問屋だった建物を改装した日本茶サロン。約100種類の茶葉の中から好みの一杯を選び、お菓子と共に楽しむことができる。重厚な雰囲気とシックなインテリアが調和した空間で、静かなひとときを過ごしたい。

歴史ある日本家屋に流れる
ノスタルジックな時間

ブランティーセット
松　2300円

04 パンとエスプレッソと嵐山庭園

ぱんとえすぷれっそとあらしやまていえん

P.120

嵐 山

嵐山・天龍寺近くに建つ、京都府指定文化財の「旧小林家住宅」を改装。茅葺（かやぶ）き屋根の建物は築210年超で、土間や縁側には懐かしくおだやかな雰囲気が残り、まるでタイムスリップしたよう。どこを切り取っても絵になる空間が魅力的。

ほんのり
スパイスの香り

アプリコットのパウンドケーキ

発酵バターを使ったシンプルなパウンドケーキ。洋酒に漬け込んだドライアプリコットがゴロゴロと入っている。甘さの中に洋酒が香るリッチな味わい。440円

A

C

カルダモンロール

デニッシュ生地に大山バターときび砂糖、カルダモンを練りこんだ菓子パン。焼きたてはさっくり、時間が経つとしっとりとした食感が楽しめます。324円

あのカフェの味をおうちでも

カフェ自慢のメニューが、テイクアウトで家やオフィスでも楽しめる。お弁当やパン、スイーツなど、おすすめのものをピックアップ！

抹茶&ホワイトチョコのビスコッティ

抹茶を練り込んだ生地に、小豆が入った和テイストの一品。小さく刻まれたホワイトチョコが程よい甘さをプラス。ガリッとした硬めの食感が楽しい。270円

A

ナスの味わいが
ぎゅっと詰まってる！

本日のスープ

D

この日は、皮がなんともアーティスティックな表情を見せる「ナスのポタージュスープ」。なめらかなスープにアクセントとして散らされた白ごまの食感も心憎い。660円

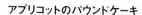

B

ライスバーガー 卵焼き & ネギ味噌

やさしい甘みの玉子焼きを海苔とふっくらごはんで包んだライスバーガー。ネギの香りや鰹節の風味を味噌の塩気がまとめる和の味わいで、ボリュームも満点。430円

大満足のボリューム

唐揚げ定食

しっかりと下味をつけた大きめの唐揚げがメインのお弁当。ポン酢、マヨネーズ、明太子、レモンたれ、サルサ、照り焼きから好みのソースを選べる。900円

E

D

HORNO's スコーン

程よいしっとり感とほろほろとした口溶け、やさしい甘みのスコーンは焼菓子工房「HORNO」製。プレーンのほか、ポピーシードなど日替わりで様々な種類が登場。300円～

クロワッサン

自慢の焼きたてパンのなかでも人気の一品。生地はしっとりとした食感で、バターの豊かな風味が口の中に広がる。散策のおやつやお土産にもおすすめ。216円

C

A	KILN COFFEE SHOP キルン コーヒー ショップ	P.24	木屋町 四条
B	川間食堂 Kawama-cafe かわましょくどう カワマカフェ	P.40	木屋町 五条
C	Lignum リグナム	P.62	岡 崎
D	ha ra ハラ	P.98	河原町 今出川
E	Mantis マンティス	P.114	中立売 智恵光院

カフェで見つけた とっておきの雑貨

食器やアクセサリーなど、 かわいい雑貨がそろうのもカフェの魅力。 個性豊かなアイテムで、 暮らしを彩ってみませんか？

C

FELLOW Stagg EKG 温度計付き電気ケトル

1℃単位で変えられる設定温度を、最大60分間保ち続ける優れもの。使い勝手のよさと洗練されたデザインで、おうちコーヒー時間が充実！ 23650円

A

オリジナルマグカップ

店のロゴマーク「月しずく」をデザインした美濃焼のマグカップ。飲み物だけでなくアイスやフルーツを入れるのもおすすめ。ホワイト2000円、カモフラージュ2500円

B

ヴィンテージアクセサリー

店主がアメリカなどで直接買い付けるアクセサリー（写真はピアス）は異文化を感じる大胆なデザインが魅力。一点ものなので購入は早いもの勝ち。3080円～6380円

D

豆皿 御菓子之畫圖写《おかしのえずうつし》＜元禄＞

「とらや」で最も古い菓子見本帳「御菓子之畫圖（おかしのえず）」に描かれたデザインをかたどった豆皿が5枚1組に。専用ボックス付なのでギフトにも。3850円

SONGBIRD コーヒーカップ

F

片面ずつ「SONG」と「BIRD」と書かれたマグカップ。コロンとしたかわいいフォルムと、片手で持ちやすい取っ手のデザインが特徴的。文字なしもあり。1890円

E

鳥の木のハンカチとメッセージカード

テキスタイルブランド「バードテイル・フラワーテイル」とコラボして作ったハンカチ。コーヒーと鳥をモチーフにデザインされ、ビビッドな色彩が素敵。2800円

F

芝コースター

その名の通り、ふさふさの人工芝がコースターに。裏には滑り止めが付いているので安心。店オリジナルのマグカップを置けばさらにかわいさアップ。330円

C

ORIGAMI ドリッパー

折り紙をイメージした薄い陶器のドリッパー。全13色の豊富なカラーがラインナップ。つい集めたくなるかわいさ。(S)2680円・(M)2900円・ホルダー1050円

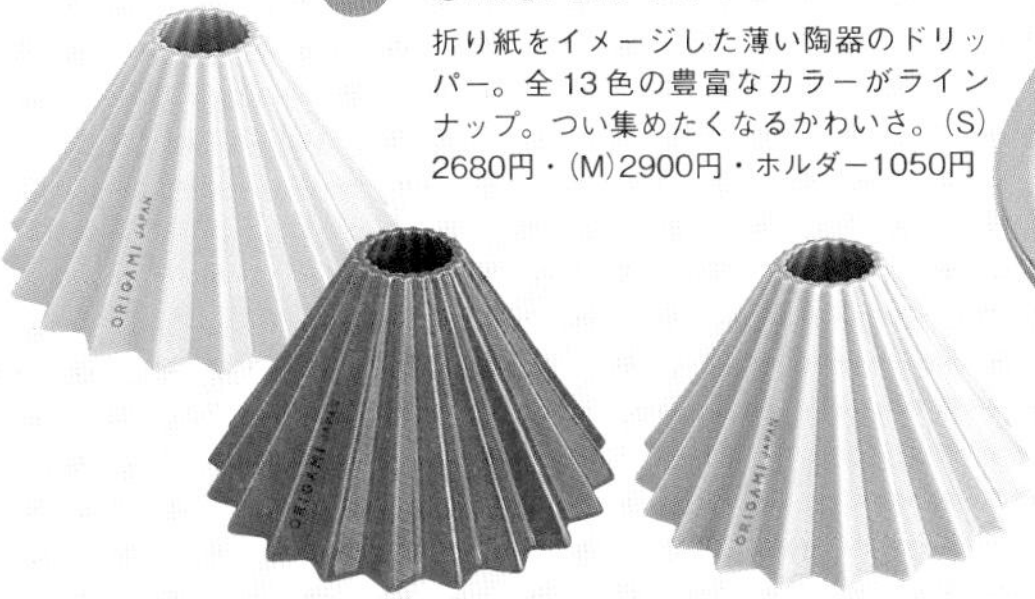

F

SONGBIRD FUCKIN COFFEE TOTE

たまごのサンドイッチやカレー、マグカップなど、店を象徴するメニューやアイテムのイラストがデザインされたトートバック。大ぶりで男女ともに使いやすい。3000円

A	Walden Woods Kyoto《ウォールデン ウッズ キョウト》	P.42	六条 富小路
B	ME ME ME《ミー ミー ミー》	P.74	荒神口
C	Kurasu Ebisugawa《クラス エビスガワ》	P.80	高倉夷川
D	虎屋菓寮 京都一条店《とらやかりょう きょうといちじょうてん》	P.82	烏丸一条
E	珈琲焙煎所 旅の音《こーひーばいせんしょ たびのね》	P.94	元田中
F	SONGBIRD COFFEE《ソングバード コーヒー》	P.112	堀川 丸太町

本書のご利用方法

エリア
カラー表示になっているのが、この店の大まかな所在エリアです

Pick up ! MENU
この店の、試してみたいドリンク・フード・スイーツをピックアップして掲載しています

外観
店の外観や看板の写真です。訪れる際の目印にしてください

店名
店の名称とよみです

小エリア
店のおおよその所在地です

小MAP
店の所在地と、近隣の道や目印を簡略化して表示しています

データ
電話番号や住所など店の基本的な営業データです。クレジットカード情報は、VISA・Master・JCB・AMEX・Dinersのみを明記し、そのほかのカードは「ほか」と記載しています。電子マネー情報はQUICPay・iD・PayPay・楽天Edy・WAON・nanacoのみを明記し、そのほかの電子マネーは「ほか」と記載しています

SNS
Instagram・Facebook・Twitterのアカウントがある場合、該当するSNSのアイコンを掲載しています

アイコン
店の特徴を示すアイコンです。テラス・電源・Wi-Fi・テイクアウト・本（読書や仕事がはかどる空間）・雑貨の6つについて、充実している項目がカラー表示になっています

［定休日］ 基本的な定休日のみを記載しています。年末年始やお盆、そのほかの時期の臨時休業がある場合があります。
［料金］ 価格は税込み表示です。
税率の変更に伴い、価格が変わる場合があります。
［季節］ 各メニューの内容・価格・提供期間などは変更される場合があります。

新型コロナウイルス感染拡大の影響により、営業日・営業時間を変更、座席数を変更、利用時に予約を必要とするなどの対応をしている場合があります。本書に記載している情報は、営業日・営業時間については平常時のもの、そのほかの情報は2021年7月現在のものです。情報や価格は予告なく変更される場合があります。事前に電話や各店のSNS等でご確認ください。

エリア別ガイド

木屋町高辻

Kawa Café《カワ カフェ》

terrace consent wi-fi takeout book zakka

フランスのカフェの魅力と和の情緒が融合

木屋町通から入る細い路地の奥、築１２０年以上の建物。入り口からテラスまでひと続きの店内には爽やかな風が吹き抜け、２匹の看板猫が訪問者を迎えてくれる。

鴨川と町家の魅力に惚れ込み、この場所に店を開くことを決めたというオーナーはフランス人。メニューもフランスのカフェと同様に、スイーツやコーヒーだけでなく、オーナーやシェフたちが腕をふるう本格的なフランス料理やワインをはじめとするアルコール類など、幅広くそろう。お茶や食事から軽く一杯まで、川辺の景色と気の利いたメニューがいつでも楽しめる使い勝手のよさも魅力だ。

壁一面に飾られた古写真はオーナーのコレクションで、明治〜昭和初期の四条・五条界隈を写したもの。「気軽なフレンチを楽しみながら古写真や鴨川を眺め、日本とフランスの歴史を感じてほしい」。日仏両国の魅力が詰まった場所だ。

POINT
町家の雰囲気と目の前に広がる景色、フランス料理の魅力が融合した贅沢なひとときを

(右上)サラダを添えたメインにドリンク、デザートが付いた「セットメニュー」1500円は、ランチにぴったりな一品。メインは、ベーコンのクロックムッシューなど5種類から　(左上)サーモンかベーコンが選べるキッシュもメインとして楽しめる

門をくぐり細長い道を歩く

野生のアオサギ「ナポレオン君」

Pick up!

MENU

DRINK

カフェオレ　450円
エスプレッソ　450円
ミルクティー　450円

FOOD & SWEETS

クレープ　800円～
洋ナシのタルト　750円
モンブラン　750円

☎075-341-0115
京都市下京区美濃屋町176-1
営業時間 10:00～24:00
定休日 なし　**席数** 80席(テーブル64席、テラス16席)
カード 不可　**電子マネー** 不可
アクセス 京阪線「清水五条」駅3番出口から徒歩約7分／阪急線「京都河原町」駅1-B出口から徒歩約7分
駐車場 なし
HP https://kawa-cafe.com/

四条河原町

カフェ・レストラン&バー Hyssop《かふぇ れすとらん アンド ばー ヒソップ》

terrace consent wi-fi takeout book zakka

ヴィーガンメニューも充実
森にいるような癒やし時間

ショップやレストラン、ホテルなどがそろう複合型商業施設・GOOD NATURE STATIONの4階。ホテルのチェックインフロアと同じ階にあるが、宿泊客以外も利用OKなので、よく「隠れ家みたい」といわれるそう。「森の中で深呼吸するような時間を」がコンセプトで、中庭のテラス席はまるで町中のオアシス。静かにゆったり過ごせるとリピーターが多いのも納得だ。

店名の由来は、「浄化」という花言葉を持つハーブ。その名の通り、「ハーバルランチ」や「季節の蓮花（れんか）」など、野菜・ハーブ・花……といった自然由来の素材をふんだんに使用し、漢方の考えなども取り入れた食事やスイーツを用意。「ヴィーガンのお客さまにも安心して楽しんでいただけるメニューもそろえています」。ストイックさを感じずに、自分を労わるヘルシーな料理が味わえそう。

POINT

フロア中央に広がる中庭は吹き抜けになっており、晴れた日には太陽の光が差し込む

（右上）「ハーバルランチ」2500円～4000円。「ハーバル八寸」「5種から選べる温料理」にスープ、デザート、ドリンクが付いたセット　（左上）「チーズケーキ 柑橘のソース」850円。濃厚なチーズに酸味の効いたソースが相性抜群　（左下）「季節の蓮花」1200円。台湾の豆花（トウファ）から着想を得たオリジナルデザート

ボタニカルな世界観

中庭からたっぷりの陽光が

Pick up!
MENU

DRINK

フラワーフラワーフラワー　980円
碾茶　650円

FOOD & SWEETS

京北 吉田さんの農園から届いた野菜のペペロンチーノ
1850円
根も葉も花もサラダ　1350円
季節のプレートパフェ
1000円～

☎075-352-3728

京都市下京区河原町通四条下ル2丁目 稲荷町318-6 グッドネイチャーステーション4F
営業時間 7:00～21:00（フードLO／20:00、ドリンクLO／20:30）
※モーニング（7:00～10:00）は要予約、ランチは11:30～14:30（LO）
定休日 不定休 ※施設の休みに準ずる　**席数** 69席（テーブル55席、テラス14席）※テーブルは18台
カード 可 VISA/Master/JCB/AMEX/Diners ほか　**電子マネー** 可 PayPay
アクセス 阪急線「京都河原町」駅4番出口から徒歩約2分／
京阪線「祇園四条」駅3番出口から徒歩約5分　**駐車場** 約200台
HP https://goodnaturestation.com/restaurant/hyssop/

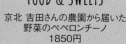

祇園

天狼院書店《てんろういんしょてん》「京都天狼院《きょうとてんろういん》」

terrace consent wi-fi takeout book zakka

好みの雰囲気で過ごせる書店併設の町家カフェ

東京や福岡などに10店舗＋1スタジオをもつ天狼院書店の京都店。書棚にはテーマ別にセレクトされた本が並び、本の著者などによる「ゼミ」、フォト部といった「部活」をはじめとするイベントも積極的に行う。

広々とした2階のカフェスペースは、購入した本を読むのはもちろん、勉強や仕事の場としても使える。古い町家の趣が色濃く残る所もあれば、天井が真っ白に塗られたスペースもあり、雰囲気は様々。坪庭の竹が涼やかなソファ席や、「屋根裏編集室」と名付けられた小部屋などから好みの場所を探してみて。1階奥にはこたつが置かれた小上がりの和室や開放的なテラスがあり、ここでもカフェタイムが楽しめる。

〝福岡店の元店長が元彼の気を惹くために作ったカレー〟といったように、それぞれのメニューが誕生するまでの物語も面白い。

POINT

イベント会場にもなる2階は、窓際のカウンターやソファなど席のバリエーションも豊富

Pick up!

MENU

DRINK

コーヒー（オリジナルブレンド）
528円
里山十帖のみかんジュース
528円
ショコラドリンク　715円

FOOD & SWEETS

やりすぎ豚汁　880円
和三盆抹茶ソフト　462円
ワッフル（キャラメルナッツ・
チョコベリー）　528円

（上）テレビで紹介されて人気に火が付いた「元彼が好きだった　バターチキンカレー」880円。元彼のために試行錯誤を重ねたレシピをベースに　（中央）湘南の精肉店から仕入れて作る「贅沢バーガー」660円。分厚いパティは、食べ応えあり　（下）厚切りトーストを抹茶アイスに浸した「ふわとろ抹茶のフレンチトースト」660円

京都をテーマにした本棚も

坪庭を眺められるテラス席

☎075-708-3930
京都市東山区博多町112-5
営業時間 10:00～22:00（LO／21:30）
定休日 木曜（祝日の場合は営業）
席数 37席（テーブル14席、カウンター9席、テラス2席、その他12席）
カード 可 VISA/Master/JCB/AMEX/Diners
電子マネー 可 QUICPay/iD
アクセス 京阪線「祇園四条」駅1番出口から徒歩約1分　**駐車場** なし
HP http://tenro-in.com/

木屋町四条

KILN COFFEE SHOP《キルン コーヒー ショップ》

terrace　consent　wi-fi　takeout　book　zakka

川辺の爽やかな空間で喧騒を忘れて過ごす時間

木屋町通から高瀬川に架かる小さな橋を渡ると、右手にカフェの看板が。ちょっとした隠れ家を思わせるロケーションが期待感を抱かせてくれる。2013年にリノベーションされたビルの1階にある店内は、高瀬川に面した大きな窓からやわらかな陽光が差し込み、開放感たっぷり。窓を開けている日は、川のせせらぎと爽やかな風が心地いい。

自慢のコーヒーは、京都の人気焙煎所でブレンドされた、「キルンブレンド」や「木屋町ブレンド」といったオリジナルの味が楽しめる。ペーパードリップには「サーカスコーヒー」、エスプレッソには「WEEKENDERS COFFEE」というように、淹れ方に応じて使い分けている。スコーンやマフィンなど焼き菓子を中心に、チーズケーキやタルトなど自家製のスイーツも豊富にそろう。ぜひコーヒーとともに堪能したい。

入口は橋を渡った先

木漏れ日が注ぐテラス

「本日のマフィン」は週替わりで
数種類がスタンバイ

KILN

(上)「本日のマフィン」より「チョレートとジンジャーとオレンジのマフィン」480円と「抹茶のマフィン」480円　(左下)「ゴルゴンゾーラ&いちじくのチーズケーキ」600円　(右下)「アールグレイのスコーン」440円と「キルンブレンド」550円

Pick up!

MENU

DRINK

キルンブレンド　550円
木屋町ブレンド　550円
抹茶ラテ　630円

FOOD & SWEETS

生チョコのブラウニー　480円
ローズマリー&レモンのハーブクッキー　160円
自家製ラムレーズン&黒糖&バナナのパウンドケーキ　440円

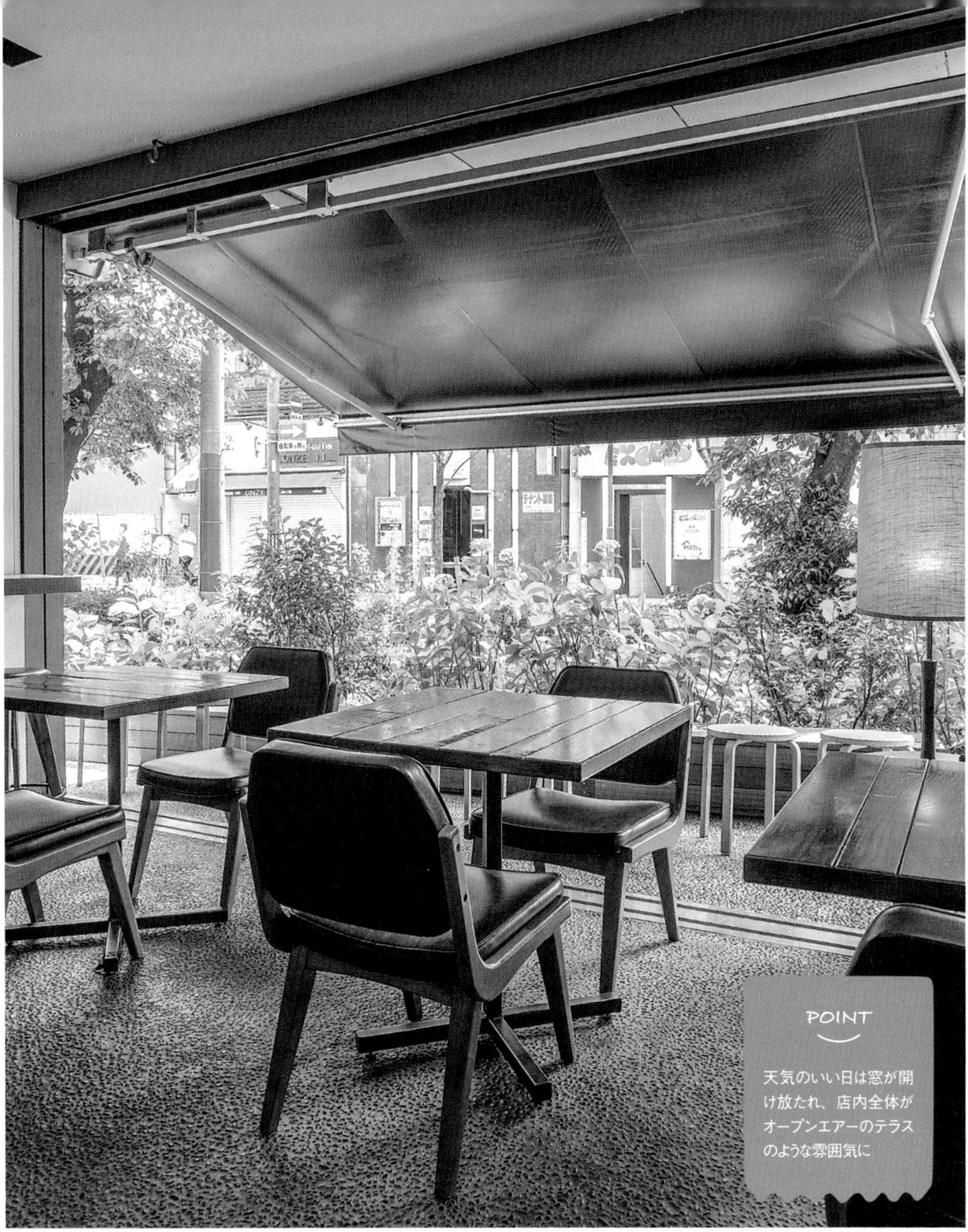

POINT

天気のいい日は窓が開け放たれ、店内全体がオープンエアーのテラスのような雰囲気に

☎075-353-3810

京都市下京区西木屋町通四条下ル 船頭町194 村上重ビル1F

営業時間 11:00~20:00(LO／19:30)

定休日 火曜(祝日の場合は営業)、ほか不定休あり

席数 21席(テーブル12席、カウンター席3席、テラス席6席)

カード 不可　**電子マネー** 不可

アクセス 阪急線「京都河原町」駅1番出口から徒歩約1分／京阪線「祇園四条」駅3番出口から徒歩約3分

駐車場 なし　**HP** なし

姉小路堺町

Café MALDA《カフェ マルダ》

terrace consent wi-fi takeout book zakka

ヨーガンレールの世界観に浸れるカフェ

天然素材を用い、手仕事による造形美を重んじるファッションデザイナー、ヨーガン・レールのブランド「ババグーリ」。その哲学を反映したカフェ・ホテルとして2018年に誕生した「MALDA Kyoto」の1階がカフェだ。

洗練されたデザインが印象的な「ババグーリ」のインテリアや食器が使われている店内で楽しめるのは、ヨーガンレール社の社員食堂のレシピを受け継いだメニュー。人気のマフィンをはじめ、焼き菓子やジェラートは、卵・砂糖・乳製品を使わず、主に国産やオーガニックの食材で作る。

ランチは「マルダのカレー」1種類。有機栽培の野菜を使ったベジタリアンカレーに、玄米と黒米をブレンドしたごはん、4種類の付け合わせとライタ（水切りヨーグルト）が付く。ヨーガンレールの精神に基づく、体にやさしいメニューがそろう。

POINT

大きな窓があり明るい店内と温かみのあるチーク材のテーブルやイスがマッチする

(右上)「マルダのカレー」1001円（提供は11：30〜14：30）。ヨーガンレール社員食堂で人気を博していたレシピがベース　(左上)「米粉のメープルマフィン（グルテンフリー）」418円と「ハーブティ」605円から

焼き菓子はテイクアウトも

お菓子担当と料理担当の２人

Pick up!

MENU

DRINK

レモングラス茶 704円
シナモンティー 605円
石垣島パキスタンレモンとはちみつシロップのソーダ　605円

FOOD & SWEETS

本日のマフィン ※テイクアウト 442円
チーズケーキ 484円〜
ローストアーモンドのジェラート＋クッキー 660円

☎075-606-5385
京都市中京区堺町通御池下ル 丸木材木町684
営業時間 11:30〜17:00
定休日 月･火曜　**席数** 10席（テーブル10席）
カード 可 VISA/MASTER/JCB/AMEX ※5000円以上で可
電子マネー 不可
アクセス 地下鉄烏丸線･東西線「烏丸御池」駅3-1番出口から徒歩約5分
駐車場 なし
HP https://www.maldakyoto.com/

東山安井

菊しんコーヒー《きくしんこーひー》

terrace consent wi-fi takeout book zakka

コーヒーの香りに満ちた新しいのにレトロな喫茶店

高台寺のほど近く、賑やかな東大路通から一筋入り住宅街を進むと、真っ白なのれんの小さな建物に出合う。西陣の純喫茶「逃現郷」に勤めていた店主の東翔太さんが、「地元の人に通ってもらえるお店」をコンセプトに開いた店だ。オープンは２０１７年だが、元仕出し店の建物の佇まいと、レトロな雑貨や調度品がどこか懐かしい雰囲気を醸し出す。

看板メニューは何といっても中国・雲南省産の豆を自家焙煎したレギュラーコーヒー。「マイルドで飲みやすいけどコクがある味」を目指して、サイフォンで一杯ずつ丁寧に淹れられる。お客さんの好みに合わせて、味を調整することも多いそう。また、フードで味わいたいのは「レモントースト」。ふんわり食感の厚切りトーストの上にのせられた、はちみつ漬けのレモンスライスの甘酸っぱさがコーヒーとよく合う。

POINT

仕出し店だった頃の面影を残しつつ、ヒノキのカウンター板や棚などを店主自らリノベーション

(右上)強めの炭酸水に自家製レモンシロップなどを合わせた「クリームソーダ」750円 (左上)ルーにドリップコーヒーを加えてコクと深みのある味わいに仕上げた「珈琲カレーライスセット」1000円。カレーのみの単品も (左下)バターの風味とはちみつレモンのさっぱりとした酸味が絶妙な「レモントースト」500円

棚に並ぶ本にも店主のセンスが

抽出の様子を見るのも楽しい

Pick up!

MENU

DRINK

レギュラーコーヒー　500円
レモンスカッシュ　600円
アイスコーヒー
(無糖・加糖)　550円

FOOD & SWEETS

モーニングセット
※8:00〜11:00　500円
バタートースト　350円
チーズケーキ　500円

☎075-525-5322
京都市東山区下弁天町61-11 菊しんアパート101号室
営業時間 8:00〜18:00
定休日 日曜
席数 9席(テーブル2席、カウンター7席)
カード 不可
電子マネー 不可
アクセス 市バス「東山安井」停から徒歩約2分／京阪線「祇園四条」駅6番出口から徒歩約15分
駐車場 なし　**HP** なし

四条河原町

コエ ドーナツ キョウト

koé donuts kyoto

terrace consent wi-fi takeout book zakka

アートな空間で味わう やさしい味のドーナツ

新京極のアーケード街を歩くと、ガラスの壁越しに目に入る異空間。奥行きのある空間に572個もの竹かごがドーム状に飾られ、打ちっぱなしの壁に映る網目状の影がアーティスティックな雰囲気を醸し出す。

ここは、オーガニック・天然由来・地産地消をキーワードにしたドーナツの専門店。京都・美山産の牛乳や卵と有機小麦を使った生地を、ミネラルたっぷりの国産米油で揚げる。素材の味を引き出すドーナツ作りと、シンプルな調理方法にこだわっている。ショートニングも不使用で体へのやさしさを追求したドーナツは、いくつも食べたくなる素朴な味わい。

ファクトリーは客席のすぐ隣で、全粒粉を挽くところからトッピングまで、ドーナツ作りの全過程を目の前で見られるのも楽しい。非日常的な空間と相まって、ほかにはないワクワクを感じられる。

マスコットキャラ

オリジナルグッズも

Pick up!

MENU

DRINK

ブレンドコーヒー 418円
自家製レモネード 495円

FOOD & SWEETS

もちもちコエドーナツ 176円
焼きドーナツ 五色豆 352円
koé donutsクッキー缶 1620円

国産イチゴソースと
和三盆入りクリーム
は上品な甘さ

(上)イチゴの特製シロップが生地からジュワッとあふれる「ドーナツメルト ストロベリー」935円 (左下)有機栽培バナナの自然な甘さを大切にした「抹茶バナナジュース」715円 (右下)常時30種類ほどのドーナツがスタンバイ

POINT

設計を手がけたのは建築家・隈研吾。伝統的な六ツ目編みの竹かごは嵐山の竹を使ったもの

☎075-748-1162

京都市中京区新京極通四条上ル 中之町557

営業時間 8:00～20:00（LO／19:30）

定休日 不定休

席数 65席（テーブル34席、カウンター31席）※ほかスタンディング席あり

カード 可 VISA/Master/JCB/AMEX/Diners

電子マネー 可 QUICPay/iD/PayPay/楽天Edy/WAON/nanaco ほか

アクセス 阪急線「京都河原町」駅9番出口から徒歩約1分　**駐車場** なし

HP https://www.koe.com/koedonuts/

四条河原町

喫茶ソワレ《きっさそわれ》

terrace consent wi-fi takeout book **zakka**

きらめく青い世界で宝石のようなデザートを

１９４８（昭和23）年創業の喫茶店。繁華街に位置するにもかかわらず、店内に一歩足を踏み入れると喧騒は遠ざかり、女性を美しく見せるというブルーの照明が、創業時からほぼ変わらぬ姿のレトロな空間を照らしている。ノスタルジックな空気に包まれ、心が自然と凪ぐような居心地から長年愛されてきた名店だ。

ＢＧＭをあえて流さない静かな店内では、来客も自然と控え目な会話を楽しむように。ささやくような話し声やカップがソーサーに触れる音が心地よく響く。コースターやタンブラーに描かれた、洋画家・東郷青児による美人画や、創業者の友人の彫刻家・池野禎春が梁や壁に刻んだ彫刻も、訪れる人を楽しませてくれる。

今や店の代名詞ともなった、カラフルなゼリーを使ったスイーツの数々を、幻想的な「青の世界」で味わってみて。

POINT

フランスの田舎町の教会をイメージした建物には、「繁栄」を象徴するブドウの彫刻があちこちに

（右上）神戸の地サイダー「ダイヤモンド レモン」に5色のゼリーが沈む「ゼリーポンチ」750円。宝石箱をひっくり返したよう　（左上）「ゼリーコーヒーフロート」850円。深煎りコーヒーを使ったゼリーのほろ苦さとバニラアイスの甘さが好相性　（左下）「クリームソーダ バイオレット」700円。グラスには東郷青児によるイラストが

美しい青い光に包まれて

力強く咲くひまわりの彫刻

Pick up!
MENU

DRINK

ブレンドコーヒー　600円
ミックスジュース　750円
紅茶　600円

FOOD & SWEETS

トースト　500円
ゼリーミルク　700円
ゼリーワイン　800円
ヨーグルトポンチ　900円

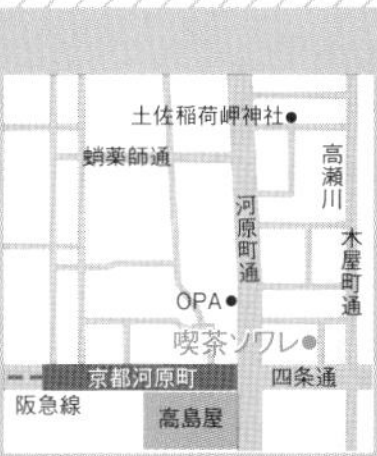

☎075-221-0351
京都市下京区西木屋通四条上ル 真町95
営業時間 13:00～19:00（LO／18:00）
定休日 月曜（祝日の場合は翌日）
席数 50席（テーブル50席）
カード 不可　**電子マネー** 不可
アクセス 阪急線「京都河原町」駅1番出口から徒歩約1分
駐車場 なし
HP http://www.soiree-kyoto.com/

三条富小路

マスターピース コーヒー キョウト

master-piece coffee KYOTO

terrace consent wi-fi takeout book zakka

京都風かヴィンテージ風か その日の気分でチョイス

三条通に面して建つ白い外観が印象的な建物は、バッグブランド「master-piece」がプロデュースするカフェ。元呉服問屋だった町家の風情をできるだけ生かしつつモダンにリノベーションした店内は、入口側がショップ、奥がカフェになっている。

1階は立派な日本庭園を眺められる畳敷きのカウンター席とテーブル席、2階は革のソファや観葉植物を配した骨太でヴィンテージなインテリアと、それぞれ異なるテイストの空間で構成されているのが特徴。

定番のコーヒーは、人気焙煎所「WEEKENDERS COFFEE」が同店のためにブレンドするオリジナル。そのコーヒーに合うようにとチョコレート専門店やパン店などから吟味した素材で作る、「自家製生チョコレート」や「ドゥエッグサンド」などのスイーツやフードが味わえる。

POINT

中庭に面した1階席。カウンターもテーブルも掘りごたつ席なのでリラックス度満点

（右上）京都の専門店Dari　Kのチョコレートをふんだんにつかった「自家製生チョコレート」800円　（左上）「チョコマーブルチーズケーキ」650円と、ほろ苦さとミルクのコクがマッチする「カフェラテ」570円　（左下）とろ～りとした半熟卵が2つも入った「ドゥエッグサンド」700円。パンは外がカリッ、中はふんわり

2階にはカッシーナ社のソファ

看板を目印に石畳を奥へと進む

Pick up!

MENU

DRINK

自家製レモネード　650円

ミルクレモンフローズン
※夏季限定　750円

ベリー&バナナスムージー
※夏季限定　750円

FOOD & SWEETS

ハムチーズサンド　750円

チョコマーブル
チーズケーキ　650円

☎075-231-6828
京都市中京区三条通富小路東入ル 中之町26
営業時間 11:00-19:00（LO/18:00）
定休日 なし　**席数** 30席（テーブル22席、カウンター8席）
カード 可 VISA/Master/JCB/AMEX/Diners
電子マネー 可 PayPay
アクセス 地下鉄東西線「京都市役所前」駅ゼスト御池8番出口から徒歩約5分／市バス「河原町三条」停から徒歩約6分　**駐車場** なし
HP https://master-piece.co.jp/store/master-pirce-coffee-kyoto/

御幸町六角

1er ÉTAGE《プルミエ エタージュ》 ドライフラワーと喫茶《どらいふらわーときっさ》。

terrace　consent　wi-fi　takeout　book　zakka

絵の中にいるような花降る世界へ

御幸町通を歩いていると、透明なボックスに鮮やかな花束が収められた看板が目に入る。導かれるように細い路地へ入り、突き当りのドアを開くと、一面花に覆われた絵画のような光景が広がる。天井から吊り下げられているのは色とりどりのドライフラワーだ。

かつて古着店を営んでいたオーナーは、買い付けに行ったアメリカでドライフラワーの魅力に目覚め専門店を始めた。多彩なドライフラワーからお客さんの好みに応じてブーケなどを作り、その完成を待つ間にくつろいでもらえるよう喫茶スペースを併設したそう。

やわらかな陽光が差し込む窓際の席が人気で、天気のいい日はテラス席もおすすめ。自家製ケーキやドリンクでひと息ついたら、席を立って花を見に行くのもこの店ならではの楽しみの一つ。美しいものを愛でながらのティータイムは、心もじっくり満たしてくれる。

POINT

店内にはアンティーク調の家具や花瓶が配され、どこを切り取っても絵になる空間

（右上）香ばしいほうじ茶の香りがふわっと広がる「ほうじ茶ラテ」550円は、ホットとアイスどちらもOK　（左上）日替わりケーキは通常2種。写真は定番の「チョコレートブラウニー」550円

ドライフラワーはすべて手作り

店舗は小道を進んだ先に

Pick up!

MENU

DRINK

自家製レモンジュース
（レモンスカッシュ／レモネード）
650円

YUGENのアイスグリーンティー
550円

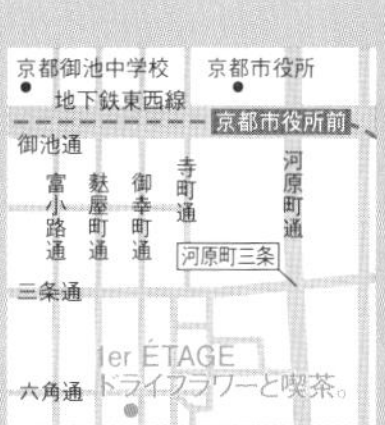

☎ なし
京都市中京区御幸町通六角下ル 伊勢屋町342
営業時間 12:00〜19:00（LO／18:30）
定休日 なし　**席数** 7席（テーブル4席、テラス3席）
カード 不可 ※花の購入のみ2000円以上で可　**電子マネー** 不可
アクセス 地下鉄東西線「京都市役所前」駅ゼスト御池地下街7番出口から徒歩約5分／阪急線「京都河原町」駅9番出口から徒歩約9分
駐車場 なし
HP なし

木屋町四条

バビ ジェラテリア キョウト

BABBI GELATERIA KYOTO

terrace　consent　wi-fi　takeout　book　zakka

イタリア仕込みの甘味を鴨川そばのカフェで堪能

　ジェラートのコーンやウエハースの工場として1952年イタリアで誕生し、その後オリジナルスイーツでも知られるようになった「BABBI」。その日本で初めての路面カフェが、木屋町にオープンしたのは2019年のこと。高瀬川沿いの入口から奥へ進むと、鴨川に面してテーブル席がある。初夏から秋の「鴨川納涼床」の時期には広いテラスも設けられ、東山を眺めながらのんびりとくつろげる。

　メインのジェラートは、季節限定のものも含めて18種類がラインナップ。特製のピスタチオペーストをはじめ、ほぼすべての製菓材料をイタリアから直輸入し、本国と同じレシピで作られる。濃厚でいて後口はすっと切れる上質の味わいは、一度食べたら虜になりそう。大人気の飲むジェラート「ノムジェラ」も、季節のフルーツや日本らしい抹茶など多彩なフレーバーがあり、目移りは必至。

POINT

鴨川に面したテラスからは、川面のきらめきや桜並木、正面には東山連峰も望めて爽快！

Pick up!

MENU

DRINK

エスプレッソ　385円
クリームソーダ クラシックブルー 770円
レモネード ソーダ　660円

FOOD & SWEETS

あまおう苺とピスタチオのパフェ 1430円
ピスタチオ モンブラン 1650円
マリトッツォ クラシック ※週末限定　440円

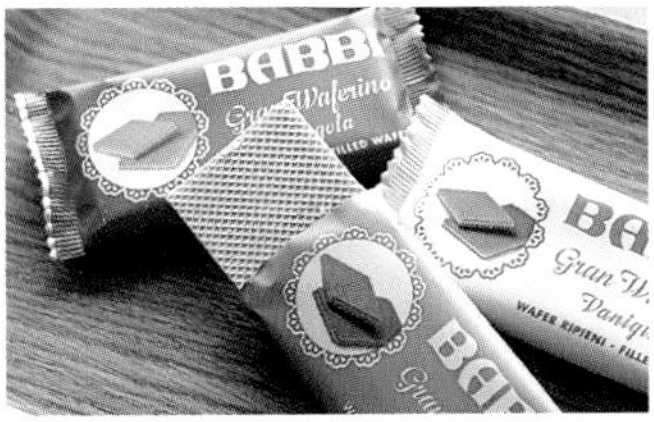

（上）「ジェラート2種盛り」660円。写真はピスタチオとチョコレート。サクサクのコーンと、ハート形の焼き菓子・クオーレの硬めの食感がいいアクセントに　（中央）「グランワッフェリーニ」324円は全7種。写真はピスタチオ、バニラ、ストロベリー　（下）「ノムジェラ　あまおうピスタチオ」770円。ジェラートがそのままドリンクに

オリジナルドルチェをゆっくりと

どれを選ぶか迷っちゃう

☎075-585-5200
京都市下京区木屋町通四条下ル 斎藤町134
営業時間 11:00~22:00（ドリンクLO／21:30）
定休日 なし　**席数** 36席（テーブル12席、テラス24席）
カード 可 VISA/Master/JCB/AMEX/Diners
電子マネー 可 QUICPay/iD/楽天Edy/WAON/nanaco
アクセス 京阪線「祇園四条」駅2番出口から徒歩約5分／阪急線「京都河原町」駅1-B番出口から徒歩約10分　**駐車場** なし
HP https://babbi.com/

木屋町五条

かわましょくどう カワマカフェ

川間食堂 Kawama-cafe

terrace consent wi-fi takeout book zakka

和を感じる創作サンドに吹き抜ける川風もごちそう

その名の通り、ふたつの川の間に挟まれるように佇む一軒。気候のいい時期には、高瀬川に面する入口の扉と鴨川に面する奥の窓の両方が開け放たれ、水辺の木々を揺らす爽やかな風が店全体を吹き抜ける。なかでも人気の鴨川を眺める席は、周囲より少し低いフロア。そのわずかな高低差でいっそう川が近く空が広く感じられ、開放感は抜群。席の予約も可能なので、観光シーズンも人混みを避けてリラックスできそうだ。

提供されるフードやドリンクも、ユニークな立地に負けない個性派。特に、玉子焼きや甘辛く煮た厚揚げ、彩りよい野菜などのおかずをふっくらごはんと海苔で包んだ「ライスバーガー」はぜひ試してみたい。ボリューム満点で、腹ぺこの人も「本日のスープ」を添えれば満足間違いなし。ミントやローズなどのフレーバー緑茶も、バリエーション豊富にそろう。

POINT

川が近くて空が広い！町の喧噪から離れてぼんやりと過ごしたくなる贅沢な空間

(右上)サクサクの「季節のフルーツサンド」500円。「玉露」500円はホットもOK (左上)全粒粉入りバゲットが香ばしい「サンドイッチ チキンマスタード」450円 (左下)鶏ミンチを詰めたプルプルの厚揚げ入り「ライスバーガー京風きつね」600円。紫蘇とゴマの香りとしば漬けのコリコリ食感がアクセント

ガブッと頬ばれば

壁に水墨画のような東山連峰の姿が

裏側は鴨川沿いの細い通りに面する

Pick up!

MENU

DRINK

ブレンドコーヒー(M) 500円
カフェラテ 550円
和紅茶 500円
京都麦酒 800円

FOOD & SWEETS

ライスバーガー キンパ風 500円
チリコンカン丼 ※11:00〜 680円
サンドイッチ 季節のベジタブル 500円

☎075-344-0917
京都市下京区都市町141-2
営業時間 8:00〜15:00(LO/14:30) ※土・日曜、祝日は〜18:00(LO/17:30)
定休日 木曜(祝日の場合は不定)
席数 18席(テーブル12席、カウンター6席)
カード 可 VISA/Master/JCB/AMEX
電子マネー 可 QUICPay/iD/PayPay ほか
アクセス 京阪線「清水五条」駅1番出口から徒歩約3分
駐車場 なし **HP** なし

六条富小路

ウォールデン ウッズ キョウト

Walden Woods Kyoto

terrace consent wi-fi takeout book zakka

純白の森の中で過ごす自由なひととき

ヴィンテージのランタンに明かりが灯る真っ白な空間。壁に配された細長い窓からは木々のグリーンがのぞき、まるで異国の静かな森の中にいるような不思議な気分になる。

この空間を手がけたのは、自身も森の中で暮らす空間プロデューサーの嶋村正一郎さん。大正時代の洋館を改装し、ヘンリー・D・ソロー著の『ウォールデン 森の生活』から着想を得て、ボストンにあるウォールデンの森の生活をイメージしてデザインした。

店内での過ごし方はいたって自由。フロアの周囲に階段状にめぐらされたベンチの最上段に座り、自家焙煎のコーヒーを片手に本を読むのもいいし、ベンチをテーブル代わりにしながらソフトクリームを食べてもいい。なかには床で寝そべるお客さんもいるのだとか。非日常空間で、自由な時間を楽しみたい。

POINT

テーブルやイスがない2階のフロア。真っ白な空間は霧が立ち込めた森の中にいるよう

(右上)右がラム酒の効いた「カヌレ」250円。左がレモン果汁たっぷりの「レモンカヌレ」300円。「ウォールデンブレンド」400円と一緒に味わって　(左上)「ソフトクリーム(ホワイト)」600円。ソフトクリームの下にプリンがイン

プロバット社のヴィンテージ焙煎機

パティシエによる焼き菓子も豊富

Pick up!

MENU

DRINK

チャイ　600円
抹茶ラテ　600円
カフェラテ　500円

FOOD & SWEETS

チョコレートケーキ　350円
クッキー　200円
抹茶カヌレ　300円

☎075-344-9009
京都市下京区花屋町通富小路西入ル 栄町508-1
営業時間 8:00~19:00
定休日 不定休　**席数** フリー
カード 可 VISA/Master/AMEX/Diners　**電子マネー** 不可
アクセス 京阪線「清水五条」駅1番出口から徒歩約6分／
地下鉄烏丸線「五条」駅5番出口から徒歩約6分
駐車場 なし
HP http://www.walden-woods.com/

河原町五条

まーるかふぇ

マールカフェ

terrace　consent　wi-fi　takeout　book　zakka

ビルの最上階から広がる東山や鴨川の眺め

河原町五条の交差点からすぐ、築50年以上のレトロビルの8階。ドアを開けると3面の大きな窓に、緑豊かな東山や清水界隈の町並みといった眺望が広がる。季節や天気によって変わる景色のなかでも、特におすすめは「店内が青く見える雨の日」とマネージャーの橘田淳平さん。この眺めにほれ込んだオーナーが、「多くの人にこの景色を知ってもらいたい」と同店を開いたのが2017年。今では幅広い世代に親しまれる界隈の人気カフェだ。

日替わりで登場するボリューム満点のパスタやカレーのほか、豊富なデリも人気の同店。デリのテイクアウトに特化した姉妹店を開店するほどの力の入れよう。デリやサラダの野菜はオーガニック野菜の宅配販売などを行う「坂ノ途中」のものが中心。安心安全かつおいしいメニューで、身も心も満足できる一軒だ。

POINT
イスやテーブルはヴィンテージの1点もので、席ごとに異なった雰囲気が楽しめる

(右上)1日10食限定の「マールバーガー」1650円。牛肉100%のパテからほとばしる肉汁がたまらない　(左上)デミグラスソースがかかったハンバーグがメインの「ハンバーグプレートセット」1430円。ライスはヘルシーな十五穀米　(左下)濃厚な味わいのマロンクリームがのった「チョコとナッツのモンブランパフェ」1100円

鴨川や京都市街を一望

ヴィンテージ家具が並ぶ店内

Pick up!

MENU

DRINK

季節のサングリア　990円
自家製チャイ　600円

FOOD & SWEETS

週替わりパスタ　1050円～
週替わりカレー　1050円～
日替わりスイーツ　550円～

☎075-365-5161
京都市下京区西橋詰町762 京栄中央ビル8F
営業時間 11:30～23:00(フードLO／22:00、ドリンクLO／22:30)
定休日 なし　**席数** 93席(テーブル27席、カウンター4席、テラス42席、ソファ15席、図書室5席)
カード 不可
電子マネー 可 PayPay
アクセス 京阪線「清水五条」駅3番出口から徒歩約3分
駐車場 なし
HP http://www.marcafe.jp/

富小路五条

FabCafe Kyoto《ファブカフェ キョウト》

terrace　consent　wi-fi　takeout　book　zakka

物作りを愛する人が集う カオスで心地よい世界

五条通から一本入った閑静な通り。築約120年の木造建築をリノベーションしたこの場所には、百人百様の目的を持った人が訪れる。コーヒーブレイクを楽しむ人、作品づくりに没頭する人、書道の練習など趣味に勤しむ人、デスクワークに励む人……。カフェという名前に捉われず過ごせる、自由度の高さがここの醍醐味だ。

朗らかでオープンな雰囲気は訪れた人同士の壁を自然と取り払い、世間話から縁が生まれて新たな活動に発展するようなこともしばしば。講習を受ければ店内に置かれたレーザーカッターなどの工作機器も使うことができ、創作の幅が広がると好評だ。

思い思いの時間をさらに充実させてくれるのが、京都のコーヒーロースターやベーカリーなどとコラボレーションしたメニュー。心地よい混沌を感じながら、気ままなひとときを過ごしてみたい。

POINT

古さと新しさが同居する空間に不ぞろいの家具が置かれたランダムな雰囲気が楽しい

（右上）聖護院のシャルキュトリー・リンデンバームとコラボした「京ソーセージとマッシュポテトの盛り合わせ」740円　（左上）緑茶専門店「京都ぎょくろのごえん茶」の抹茶を使用した「抹茶ラテ」700円　（左下）クリーミーなマッシュポテトがしば漬けの酸味を引き立てる「しば漬け&ポーチドエッグトースト」740円

Pick up!

MENU

DRINK

FabCafe Kyotoブレンド 640円
マサラチャイ　700円
ハニーレモネード　660円

FOOD & SWEETS

ハニーバタートースト　440円
スモークサーモントースト 790円
コーヒーのための羊羹　440円

ワークショップなどのイベントも開催

UVプリンターなど工作機器が並ぶ

☎ なし
京都市下京区富小路通五条下ル 本塩竈町554
営業時間 11:00～19:00（LO／18:30）
定休日 日･月曜　**席数** 37席（テーブル33席、テラス4席）
カード 可 VISA/Master/JCB/AMEX/Diners
電子マネー 可 QUICPay/iD/楽天Edy ほか
アクセス 京阪線「清水五条」駅1番出口から徒歩約5分／地下鉄烏丸線「五条」駅3番出口から徒歩約10分
駐車場 なし　**HP** https://fabcafe.com/jp/kyoto/

河原町松原

Len《レン》 京都河原町《きょうとかわらまち》

terrace　consent　wi-fi　takeout　book　zakka

開かれた空気感が多様な人々を惹き付ける

「あらゆる境界線を越えて、人々が集える場所を」のコンセプトの通り、併設のホステルの宿泊客や近所の人、買い物や散策のついでにふらりと立ち寄る人など、様々な人々が集う。

シャンデリア風の木の照明や、北海道から運ばれた一枚板のカウンターテーブルなど、個性豊かなインテリアで飾られた開放的な空間がこの店の魅力。Ｗｉ－Ｆｉ完備で電源が使える席や、コーヒーのサブスクリプションプラン（月額制）もあるため、テレワークや作業をする人も多い。

東京の「ONIBUS COFFEE」が焙煎するオリジナルブレンドの豆を使ったコーヒーや季節ごとの自家製デザートのほか、多彩なフードメニューも。ランチとダイニングタイムに提供されるカレーはスパイスから作る本格派。インド風や欧風など、今日はどんなカレーに出合えるかワクワクしてくる。

POINT

天井が高く広々とした店内。入口の大きなガラス戸が開かれ、風通しがよく気持ちいい

Pick up!

MENU

DRINK

ドリップコーヒー
(R)550円・(L)650円
煎茶（オリジナルブレンド）
500円
チャイラテ　550円

FOOD & SWEETS

ミートボールスパゲッティ　1000円
自家製グラノーラ　450円
ほうじ茶パフェ　850円

（上）食べやすい辛さでありながらスパイシーな「本日のカレー」900円（ランチ価格）。写真はアナゴとうらど豆のカレー（中央）「バスクチーズケーキ」550円はキャラメルの香ばしさとチーズのコクがマッチ（下）飲みやすさを追求したオリジナルブレンドコーヒーのやさしい味わいがきわ立つ「カフェラテ(R)」500円でホッとひと息

グラスなどオリジナルグッズも販売

入口横にはホステルの受付が

☎075-361-1177

京都市下京区河原町通松原下ル 植松町709-3

営業時間 8:00〜24:00（フードLO／22:00、ドリンクLO／23:30）※17:00〜はバー・ダイニング営業

定休日 なし　**席数** 26席（テーブル19席、カウンター6席、テラス1席）

カード 可 VISA/Master

電子マネー 可 iD/PayPay

アクセス 京阪線「清水五条」駅3番出口から徒歩約6分／阪急線「京都河原町」駅4番出口から徒歩約7分

駐車場 なし　**HP** https://backpackersjapan.co.jp/kyotohostel/

木屋町七条

マーマー コーヒー キョウト

murmur coffee kyoto

terrace consent wi-fi takeout book zakka

高瀬川の流れと風の音に身をゆだねる

店名の「murmur」とは、木の葉のざわめきや小川のせせらぎを意味する英語。その名の通り、高瀬川のおだやかな流れや川沿いの木々を眺めながら、癒やしのひとときを過ごすことができる。

コーヒーは6種類の生豆を店内で焙煎している。親しみやすく飲みやすい「murmurブレンド」、フルーティーな「高瀬川ブレンド」、コクと苦味を際立たせた深煎りの「菊浜ブレンド」の3つのハウスブレンドから好みに合わせた一杯を選ぶことができる。「将来的にはお客さん一人一人に合わせてブレンドしたオリジナルコーヒーを出すことを目指しています」と店主の山内一正さん。

四季をイメージしたカップのデザインは、近くの京都美術工芸大学の学生たちに依頼したもの。地域に根ざし、地元客から愛され続ける憩いの空間で、ゆったりくつろぎたい。

自家製のお菓子も並ぶ

高瀬川を望むテラスも

四季をモチーフに作られた
カップも魅力

Pick up!

MENU

DRINK

murmurブレンドコーヒー　390円
菊浜ブレンドコーヒー　390円
カフェオレ　550円

FOOD & SWEETS

ラクレットチーズトースト　580円
フレンチトースト　580円
ピザトースト　630円

(上)フルーティーな「高瀬川ブレンドコーヒー」390円 (左下)削ったバターとハチミツが溶け合う「ハニーバタートースト」380円 (右下)アスパラガスやトウモロコシなど季節の野菜を使った「手作りのスープ」530円

POINT

豊かなコーヒーの香りに包まれながら、高瀬川のせせらぎに耳を傾けてくつろいで

☎075-708-6264
京都市下京区西木屋町通正面下ル 八王子町103
営業時間 9:00～17:00
定休日 日曜　**席数** 20席（テーブル14席、テラス6席）
カード 可 VISA/Master
電子マネー 可 PayPay
アクセス 京阪線「七条」駅5番出口から徒歩約5分／JR線・地下鉄烏丸線「京都」駅A5番出口から徒歩約10分
駐車場 2台　**HP** http://murmur-coffee.com/

塩小路高倉

紡《つむぎ》 cafe《カフェ》

terrace consent wi-fi takeout book zakka

開放感あふれる空間で フォトジェニックな品々を

京都駅から北東へ歩くこと数分。通りに面した大きな窓が開け放たれたカフェに出合う。コンクリート打ち放しの壁に木のテーブル、スタイリッシュなソファを配した店内はホテルのラウンジのような雰囲気を漂わせる。

空間だけでなく、見た目も華やかなメニューの数々にもセンスが光る。人気の一品は、京都の老舗茶商「ちきりや」の抹茶と、大阪のスペシャルティコーヒー専門店「LiLo Coffee Roasters」のエスプレッソで作る「グリーンティーラテプレッソ」。緑・白・茶色が織り成すグラデーションの美しさは、まさにフォトジェニックだ。

また、各席にはコンセントとUSBポートが設置されており、ドリンクを飲みながらの作業などもはかどる。人通りが多いエリアだからこそ、喧騒から離れてゆっくりくつろげる、こんなカフェがうれしい。

POINT

通りに面した窓が開け放たれ、心地よい風が通る。晴れた日はイスを外に出しテラス風に

(右上)「ピザトースト」650円は5cm以上もの厚み　(左上)「グリーンティーラテプレッソ」700円は、抹茶を少し飲んでから全体をまぜて飲むのがおすすめ。「グリーンティーマーブルチーズケーキ」400円とも相性抜群

Pick up!

MENU

DRINK

国産桃のフレッシュソーダ
650円

ほうじ茶ミルクティー　550円

FOOD & SWEETS

チョコバナナ&
アイスクリームトースト　600円

クッキー　200円

二方向から座れるハイセンスなソファ

一杯ずつ豆を挽き丁寧にドリップ

☎075-352-6400
京都市下京区東塩小路町684
営業時間 9:00〜19:00(LO／18:45)
定休日 なし　**席数** 26席(テーブル8席、テラス4席、ソファ14席)
カード 可 VISA/Master/JCB /Diners
電子マネー 可 PayPay ほか
アクセス JR線·地下鉄烏丸線「京都」駅A5番出口から徒歩約4分
駐車場 なし
HP なし

○間《ま》-MA-

terrace consent wi-fi takeout book zakka

多彩な茶葉の中から好みの一杯を見つける

デザインや店舗プロデュースを数多く手がける代表・酒井俊明さんが「お茶の知られざる面白さを紹介したい」という思いから開いた日本茶サロン。日本で生産されている抹茶や玉露、煎茶、和紅茶などの茶葉約１００種類の中から好みの一杯を選び、お菓子と共に楽しむことができる。同じ茶葉でも品種や生産者、畑によって仕上がりが大きく変わるそうで、味と香りを飲み比べるのも楽しい。

店舗は東寺の南側にある大宮通沿いに建つ、築約１００年の元炭問屋をリノベーション。いわゆる〝うなぎの寝床〟と呼ばれる町家とは違う、力強い印象を感じる。往時の趣を残した重厚な雰囲気に調和する、現代的なインテリアも魅力の空間には、やわらかい光が窓から差し込む。シュンシュンと湯が沸く音を聞きながら、静かでおいしいひとときをゆっくり味わいたい。

POINT

古い建具を据えた吹き抜けの茶房。奥の庭から入る木漏れ日が美しい空間で一服

Pick up!
MENU

DRINK

お茶（玉露・碾茶・冠茶・煎茶・玉緑茶・釜炒り茶・和製中国茶・和紅茶・ほうじ茶 ほか）
1100円〜

カウンター茶席コース
※要予約　5000円

(上)和菓子に抹茶や玉露をかけていただく「茶漬け菓子-茶妙-」1430円 (中央)3種類のお茶の「茶味比べ」2750円 (下)お茶の出汁巻きなど、7種類の具材を玉露とカツオの合わせ出汁でいただく「お茶出汁をかけて食べるお茶漬けの御膳」1650円。生ハムと白ごはんといった意外な組み合わせが楽しめる

酒井さんによるお茶の解説も一興

町家の坪庭も魅力的

☎075-748-6198
京都市南区西九条比永城町59
営業時間 11:00〜17:00 ※ランチは〜14:00（LO／13:30）※要予約
定休日 水曜、ほか不定休あり　**席数** 10席（テーブル6席、カウンター4席）
カード 可 VISA/Master/JCB/AMEX/Diners
電子マネー 不可
アクセス 市バス「九条大宮」停から徒歩約2分／近鉄線「東寺」駅から徒歩約5分
駐車場 なし
HP https://0ma.jp/

市川屋珈琲

東山五条

市川屋珈琲《いちかわやこーひー》

terrace consent wi-fi takeout book zakka

家のように自由な空間で気軽に過ごす喫茶時間

長年喫茶店に勤めた市川陽介さんが、祖父の家だった築200年超の木造建築を受け継ぎ、2015年にオープン。どこに座っても落ち着けるように、カウンターは外向きと対面、テーブル席もチェアやソファなどバリエーションが豊富で、次はあの席に座ろうかと何度でも訪れたくなる。

コーヒーに詳しくない人にも魅力を伝えたいという思いから、シンプルに3種類のブレンドのみを用意。飲みやすさと後口のやわらかさにこだわり、コーヒーが苦手な人も楽しめる。フードメニューもすべてコーヒーと一緒に楽しむことを主眼にして、味の濃さや具の量を調整している。

市川さんの父と兄が焼いた清水焼の美しいカップも見どころ。「若い人たちにも気軽に伝統工芸を楽しんでほしい」と市川さん。こだわりのコーヒーと共に喫茶時間を彩ってくれる。

清水焼のカップも販売

丁寧にハンドドリップ

パン3枚を贅沢に
大きな一口で
ガブッと味わって

(上)「季節のフルーツサンド」1130円。トロンとした口当たりと甘さの「市川屋ブレンド」470円と相性抜群 (左下)深煎りの「クリームコーヒー」580円 (右下)「デミオムライス」800円のソースはコーヒーが隠し味

Pick up!

MENU

DRINK

ウィンナーコーヒー 600円
クリームソーダ 580円
レモンスカッシュ 620円

FOOD & SWEETS

たまごサンド 650円
ベーコンとみぶ菜のサンド 800円
野菜とハムのミックスサンド 900円

POINT

店に入って左側の広い土間には一度に3kgの豆を焙煎できる巨大な焙煎機が

☎075-748-1354
京都市東山区鐘鋳町396-2
営業時間 9:00〜18:00
定休日 火、第2·4水曜　**席数** 26席（テーブル20席、カウンター6席）
カード 不可
電子マネー 不可
アクセス 市バス「馬町」停から徒歩約3分／京阪線「清水五条」駅2番出口から徒歩約8分
駐車場 なし
HP https://ichikawaya.thebase.in/

蹴上

リバー サイドカフェ グリーン テラス

riverside café GREEN TERRACE

terrace consent wi-fi takeout book zakka

文豪ゆかりの土地で四季を感じてひと息

谷崎潤一郎ゆかりの地に店を構えるカフェテラス。目の前は、琵琶湖疏水と哲学の道。桜、新緑、紅葉、雪景色……四季の移ろいを存分に感じられるロケーションとあって、散歩の途中などについ立ち寄りたくなる。

西陣の「自家焙煎珈琲ガロ」で焙煎された2種類のオリジナルブレンドコーヒーが人気で、コーヒーとのペアリングが楽しめる自家製スイーツもおすすめ。地元の人に安心して味わってもらえるよう、京都の八百屋「かね正」の野菜や、精肉店「出町岡田商会」の国産肉を使った料理もぜひ。

「カフェとしてだけでなく、いろいろな楽しみを見出せる空間に」と、音楽ライブやリース作り教室、コーヒーのワークショップなど、様々なジャンルのイベントも定期的に開かれる。開催情報はSNSやウェブサイトでお知らせしているので、参加してみたい。

ドリップバッグも販売

テラスはペットOK

Pick up!

MENU

DRINK

水出しコーヒー　600円
ソイラテ　700円
はちみつれもんスカッシュ　650円
おうす（小さいお菓子付）　600円

FOOD & SWEETS

本日のパスタらんち　1200円
カヌレ　350円
ラムレーズンのミルフィーユ　600円
ブルーチーズケーキ　650円

(上)バスク風チーズケーキがのった「バスチーパフェ」700円 (左下)「京のおばんざいらんち」1300円は、約1か月半ごとに内容が変わる (右下)オリジナルブレンド「四季の流れ」600円(ハンドドリップ)は、すっきりとした味

POINT

哲学の道に面するガラス戸が陽光を取り入れ開放的な店内。緑を眺めながらひと息つける

☎075-751-8008

京都市左京区鹿ヶ谷法然院町72 テラス哲学の道

営業時間 10:00～18:00(LO／17:30)

定休日 水曜日、ほか不定休あり

席数 40席(テーブル22席、カウンター3席、テラス15席)

カード 可 VISA/Master/JCB/AMEX/Diners ほか

電子マネー 可 PayPay ほか

アクセス 市バス「南田町」停から徒歩約3分　**駐車場** なし

HP http://www.g-terrace.jp/

吉田山

茂庵《もあん》

terrace　consent　wi-fi　takeout　book　zakka

散歩の先に待っている
緑豊かな心休まるひととき

神楽岡通を逸れて吉田山へ向かう階段を上っていくと、木々に覆われた山道に入る。木漏れ日の中の道のりはちょっとしたハイキングだ。10分ほど歩いた頃に、木造2階建ての古い建物が現れる。ここは大正時代、茶人でもあった実業家・谷川茂次郎が築いた広大な茶苑のうちの一席。

靴を脱ぎ、階段を上ってカフェスペースに入ると、まず目に入るのは四方を窓で囲まれた空間。ガラスの向こうはみずみずしい緑にあふれ、窓を開けると気持ちのいい風が吹き抜ける。町中から離れ静かに過ごすのに最適で、散歩がてら店に通う常連客も多いというのも頷ける。

２０２１年2月にはメニューが一新され、ピタパンサンドやホットサンドなど、小腹を満たす軽食がメインに。敷地内に残る2棟の茶室ではお茶の稽古も受けられるので、興味がある人はぜひ。

POINT

室内にいながら豊かな緑に囲まれる空間。窓から差し込む陽の光も存分に感じられる

(右上)「一保堂茶舗」の新茶を使った「新茶のシフォンケーキセット」930円はドリンク付。写真は高知県産の「ゆずジュース」 (左上)彩り豊かな「2種選べるピタパンサンドセット」1400円。具は肉・魚・卵・季節の野菜など4種類から選べる

神楽岡通からの道がおすすめ

文香など和雑貨の販売も

Pick up!

MENU

DRINK

カプチーノ　660円
コーヒーフロート　720円
ハーブティー　720円
抹茶(おうす・お菓子付)　780円

FOOD & SWEETS

フォカッチャホットサンド　900円
季節のチーズケーキ　500円
キャラメルとナッツの
バニラアイスクリーム　720円

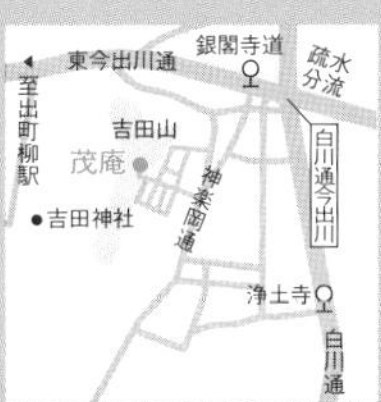

☎075-761-2100
京都市左京区吉田神楽岡町8 吉田山山頂
営業時間 11:30~18:00(LO/17:00)　**定休日** 月・火曜(祝日の場合は営業)
席数 26席(テーブル18席、カウンター8席)
カード 不可
電子マネー 不可
アクセス 市バス「浄土寺」停から徒歩約15分
駐車場 3台
HP http://www.mo-an.com/

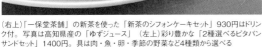

岡崎

リグナム

Lignum

terrace consent wi-fi takeout book zakka

文化を感じる町で ゆったりパンを楽しむ時間

　美術館やコンサートホールなどが建ち並ぶ、岡崎のおだやかな空気に溶け込む落ち着きある佇まいのベーカリーカフェ。打ちっぱなしの壁と木の質感の組み合わせが、シックな雰囲気を醸し出している。窓際のカウンターの上には、総菜パンからスイーツ系まで焼きたてのパンがずらりと並び、香ばしい匂いが店内に漂う。

　大きなテーブルが置かれた広いカフェスペースでは、旬の野菜をたっぷりのせたオープンサンドや、季節のフルーツをデコレーションしたトーストなど、自慢のパンを使ったメニューが味わえる。ほかにも、メインが肉と魚から選べるランチセットをはじめ、モーニングからブランチ、カフェタイムまで楽しめる多彩なラインナップ。パンとの相性を考え豆からセレクトしたコーヒーや自家製の酵素シロップで作るソーダなど、こだわりのドリンクもぜひ。

POINT

店の中心に据えられた木のテーブルが印象的。大きな窓からは琵琶湖疏水の流れが望める

（右上）自家製シロップで作る「ジンジャーエール」825円は、すっきり爽やか （左上）「フルーツトースト」1650円。季節の果物とマッチする特製クリームをのせて （左下）「アボカドとポーチドエッグのオープンサンド」1320円は、NYの朝食をイメージ。アボカドはスライスとペーストでたっぷりと。ケールやナッツもトッピング

パンは10時頃から並び始める

花やグリーンがセンスよく飾られる

Pick up!

MENU

DRINK

自家製レモンスカッシュ 770円

FOOD & SWEETS

フレンチトースト 1100円
コブサラダ
(S)935円・(L)1650円
こだわり卵のプリン 550円

☎075-771-1711
京都市左京区岡崎円勝寺町36-1-1F
営業時間 8:00〜18:00
定休日 月曜 **席数** 26席（テーブル席22席、テラス4席）
カード 可 VISA/Master/JCB/AMEX/Diners ほか
電子マネー 不可
アクセス 市バス「東山仁王門」停から徒歩約2分／地下鉄東西線「東山」駅1番出口から徒歩6分
駐車場 なし
HP https://lignum-kyoto.jp/

岡崎

キョウト なま ショコラ オーガニック ティー ハウス

Kyoto 生 chocolat organic tea house

terrace consent wi-fi takeout book zakka

繊細な生チョコレートと和の世界に心ほぐれる

平安神宮にほど近い住宅街で緑に囲まれて静かに佇む、1904(明治37)年築の古民家。石畳の小径を進み玄関を上がると、居心地よい畳敷きの部屋や、縁側越しに見える坪庭が懐かしさを感じさせる。ここは、ホテルのフレンチレストランやニューヨークの日本領事館でシェフを務めたオーナーの中西広文さんが、カナダ人の妻・シェリーさんと営むチョコレートの専門店。カフェでは店を代表する「生チョコレート」や、オーガニックな素材を使ったケーキやドリンクが楽しめる。

奥深い味わいの生チョコレートは、ハーブリキュールを使った「スウィート」、濃厚なカカオの味を感じる「ビター」、ほんのりとした苦味の「抹茶」、リンゴンベリーとホワイトチョコを合わせた「ベリー」の4種類。冷たいうちに口に運べば、ふわりととろける至福の口どけが堪能できる。

POINT

シェリーさんお気に入りの骨董が随所に置かれ、まるで時が止まったような落ち着いた雰囲気

（右上）フランス料理を思わせる盛り付けが魅力的な「ケーキとお飲み物」1400円。チョコレートケーキ、抹茶ケーキなどからチョイス　（左上）「チョコセットとお飲み物」 1100円は、季節の花を添えて。茶道のもてなしから着想を得たという

趣ある木製の看板

中庭や縁側の席もおすすめ

Pick up!

MENU

DRINK

コーヒー　600円
紅茶　600円
タンポポコーヒー　600円
リンゴジュース　600円
オレンジジュース　600円

☎075-751-2678
京都市左京区岡崎天王町76-15
営業時間 12:00～18:00(LO)
定休日 火曜（祝日の場合は営業）　**席数** 16席（テーブル16席）
カード 不可
電子マネー 不可
アクセス 市バス「岡崎道」停から徒歩約2分
駐車場 なし
HP https://www.kyoto-namachocolat.com/

岡崎

cafe de 505《カフェ ド ゴマルゴ》

terrace consent wi-fi takeout book zakka

疏水とアートのそばで静謐なひとときを満喫

京都国立近代美術館１階に併設。大理石のフロアに緻密な織りの絨毯が敷かれた、気品漂う落ち着いた雰囲気のカフェだ。テラスに通じる大きなガラス窓と、「悟りの窓」をイメージした明かり取りから自然光がたっぷり差し込み、心地よいひとときを過ごすことができる。店内の１００冊以上の美術書は自由に読書可能。ミュージアムカフェならではのアカデミックな空気を楽しんで。

利用は美術館の観覧チケットがなくてもＯＫ。テラス席は、木々や琵琶湖疏水の流れを眺めながら食事ができ、特に桜の季節には疏水沿いの桜並木を愛でるスポットとして大人気だ。名物はモチモチ食感が特徴の、平飼い京たまごを使った自家製生パスタ。ソースが煮立つほどアツアツで提供される様子に、歓声を上げるお客さんも多い。立ち上る湯気に食欲がそそられる一品だ。

美術書がずらり

cafe de
505
ロゴは名物のパスタ

Pick up!

MENU

DRINK

マイティーリーフの紅茶6種類
ポット各700円
京ほうじ茶(一保堂茶舗)
(カップ)450円・(ポット)600円
抹茶ラテ(一保堂茶舗)　600円

FOOD & SWEETS

パンチェッタとフレッシュマッシュルームのカルボナーラ仕立て　1350円
ゆばカレー　950円
自家製豆乳プリン　550円

モチモチ食感の
生パスタは
店内で製麺している

(上)濃い旨味が凝縮した「あさりと京都九条ねぎのお出汁パスタ」1200円 (左下)「自家製スコーンセット」580円は大満足のボリューム (右下)十勝小豆と手作り寒天がベストマッチの「宇治川 抹茶アイス添え」700円

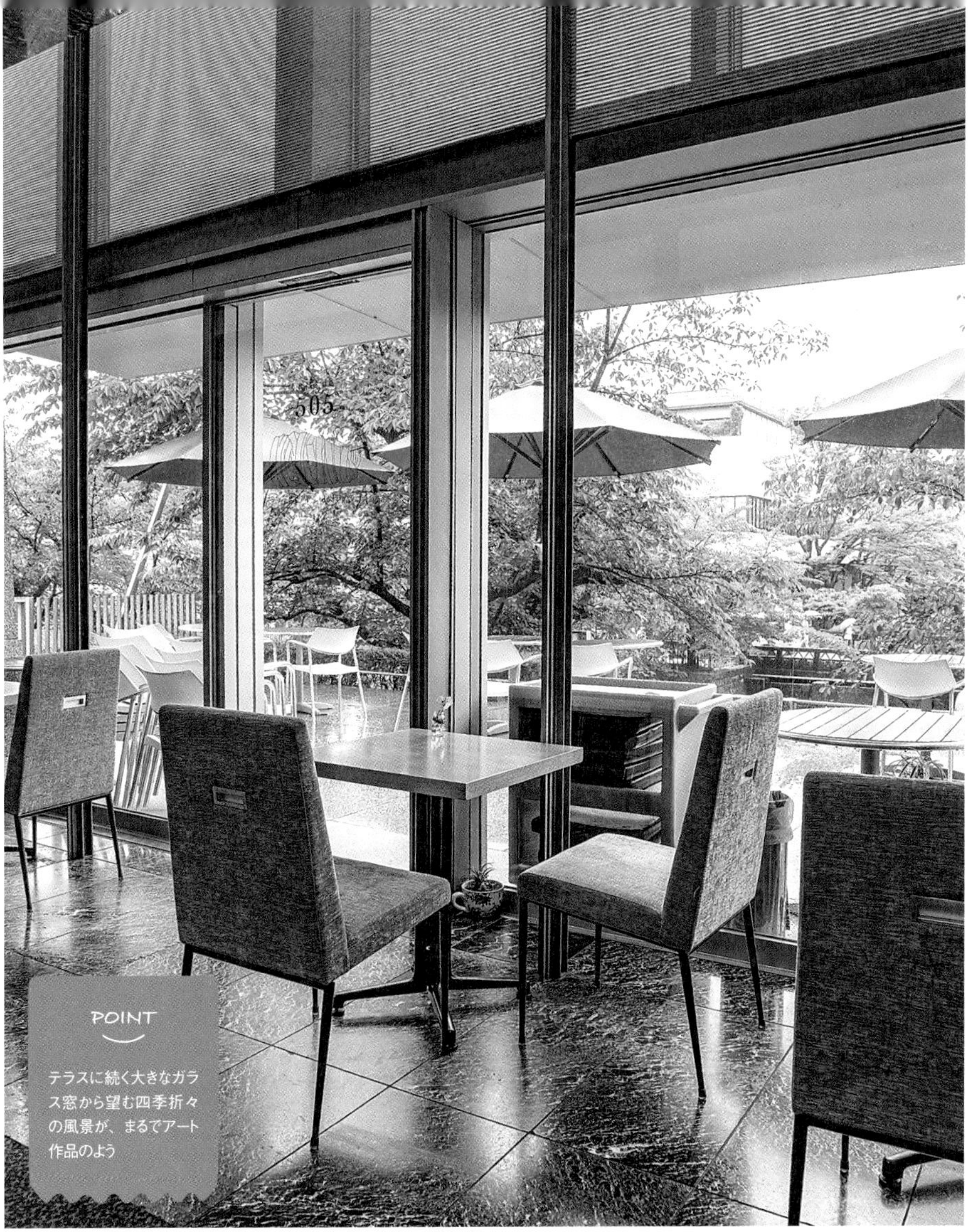

POINT

テラスに続く大きなガラス窓から望む四季折々の風景が、まるでアート作品のよう

☎075-771-5086

京都市左京区岡崎円勝寺町 京都国立近代美術館1F

営業時間 9:30～17:00（LO／16:30）※美術館の営業時間により変更あり

定休日 月曜（祝日の場合は翌日）※美術館の休みに準ずる

席数 55席（テーブル35席、テラス席20席）

カード 可 JCB/AMEX/Diners

電子マネー 不可

アクセス 地下鉄東西線「東山」駅1番出口から徒歩約7分

駐車場 なし　**HP** なし

Pomme《ポム》

terrace　consent　wi-fi　takeout　book　zakka

哲学の道沿いで過ごす
リンゴ尽くしの甘い時間

四季折々の自然が美しい哲学の道に面した、赤いリンゴの看板が掛かるカフェ。店名はフランス語でリンゴを意味する「ポム」。フランスの片田舎にあるような気取らない雰囲気で、20年以上この場所で店を営み、国内外に多くのファンを持つ。

店内にはオーナー夫妻が集めた様々なリンゴのインテリアがちりばめられ、シャンソンが心地よく流れる。テラス席も人気で、休憩する観光客や散歩ついでに立ち寄る地元の人の姿が見られる。

看板メニューは、生のリンゴを使い、自然な甘さと芳醇な香りが楽しめる「アップルティー」。使うリンゴの品種を季節に応じて変えるため、甘味や酸味などの味わいも変化するそう。「アップル&シナモンケーキ」などの焼菓子はテイクアウトもでき、小ぶりなサイズなので散策中のおやつとしてもぴったり。

POINT

ガレージを改装した開放的な店内。天井から陽が注ぎ哲学の道や疏水の景色が眺められる

生リンゴを贅沢に使用。
リンゴ型の器もかわいい

Pick up!

MENU

DRINK

りんご豆乳　500円
アップルジュース　400円
ホットハチミツレモン　500円

FOOD & SWEETS

ベーコントマトサンド
（ヨーグルト、コーヒーまたは紅茶付）
800円
エッグサンド
（ヨーグルト、コーヒーまたは紅茶付）
800円

（上）「アップル&シナモンケーキ」200円は、リンゴのシャキシャキ感と口の中でふわりと広がるシナモンの香りが好相性。リーズナブルな値段もうれしい　（中央）リンゴの丸搾りを使った「アップルティー」550円（ホットは500円）は、ポムオリジナル　（下）オレンジピールを使った、しっとりやわらかい「オレンジケーキ」250円

リンゴの看板が目印

やさしい味わいの焼菓子たち

☎075-771-9692
京都市左京区浄土寺下南田町144
営業時間 12:00〜18:00
定休日 火曜（祝日は営業）、ほか不定休あり
席数 24席（テーブル17席、テラス7席）
カード 不可
電子マネー 不可
アクセス 市バス「南田町」停から徒歩約2分　**駐車場** なし
HP なし

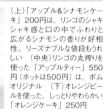

百万遍

進々堂《しんしんどう》 京大北門前《きょうだいきたもんまえ》

terrace consent wi-fi takeout book zakka

心落ち着く雰囲気を代々受け継いできた喫茶

京都大学吉田キャンパスの向かい、今出川通沿いに建つレンガ造りの建物。パン作りを学ぶためフランスに留学した続木斉が、パリの学生街であるカルチェ・ラタンで見たカフェをイメージして始めた喫茶店だ。タイル張りのカウンターや重厚なインテリアなど、１９３０（昭和５）年の創業当時の意匠を今なお残す。

ひときわ存在感を放つテーブルとイスは、人間国宝の木工作家・黒田辰秋の作で、創業者が学生のためにと求めたもの。「長机なのは、議論を交わせるように。高さも勉強がしやすいようこだわったそう」と4代目の川口聡さん。

学生や教員が机に向かい、自習室のように利用している姿も昔から変わらない光景。ＢＧＭはなく、参考書のページをめくる音や会話が程よく聞こえる。おだやかな空間で、学生時代にトリップしたような気分に浸りたい。

POINT

長年愛用され黒い光沢を湛える長机とイスが、学生をはじめ訪れる人たちを迎え入れてきた

(右上)「自家製プリン」350円や「クリームソーダ」700円など、喫茶店の定番メニューがそろう　(左上)登場以来30年以上にわたり親しまれている「カレーパンセット」850円。ふんわりとした食感のパンとポテトサラダ、ドリンクがセット

中庭テラス席も静かな時が流れる

ワーズワースの詩を刻んだレリーフ

Pick up!

MENU

DRINK

カフェ　400円
アイスコーヒー　500円
抹茶ラテ　600円
抹茶レモネード　600円
バナナジュース　600円

FOOD & SWEETS

焼きカレーセット　900円

☎075-701-4121
京都市左京区北白川追分町88
営業時間 10:00〜18:00
定休日 火曜　**席数** 30席(テーブル24席、テラス席6席)
カード 不可
電子マネー 可 PayPay
アクセス 市バス「百万遍」停から徒歩約2分／京阪線「出町柳」駅5番出口から徒歩約7分
駐車場 なし
HP なし

荒神口

CAFÉ MÜLLER《カフェ ミュラー》

terrace　consent　wi-fi　takeout　book　zakka

庭園に臨む開放的な空間で本格的なドイツの味を

ドイツの公的文化機関「ゲーテ・インスティトゥート」の京都の拠点である「ヴィラ鴨川」。ドイツの芸術家が滞在しながら創作活動ができるようにと提供されている施設だ。その1階に一般も利用できるカフェがある。

扉を開けると、大きなガラス窓が設けられ、緑豊かな庭園が眼前に広がる。テーブルやイスのほか、入口近くの大きな照明もドイツ製で、機能的かつモダンなデザインが印象的だ。壁にはドイツの地図やアート作品も飾られ、小旅行気分に誘ってくれる。

料理も現地気分に浸れる本格派のメニューがそろう。自慢は自家製ソーセージで、なかでも白ソーセージはふんわりやわらかい食感でまさに本場の味と評判だ。ワインやコーヒー、紅茶もドイツのものが並ぶ。コーヒー片手に庭園を眺めながら、遥かドイツの風景に想いを馳せてみたい。

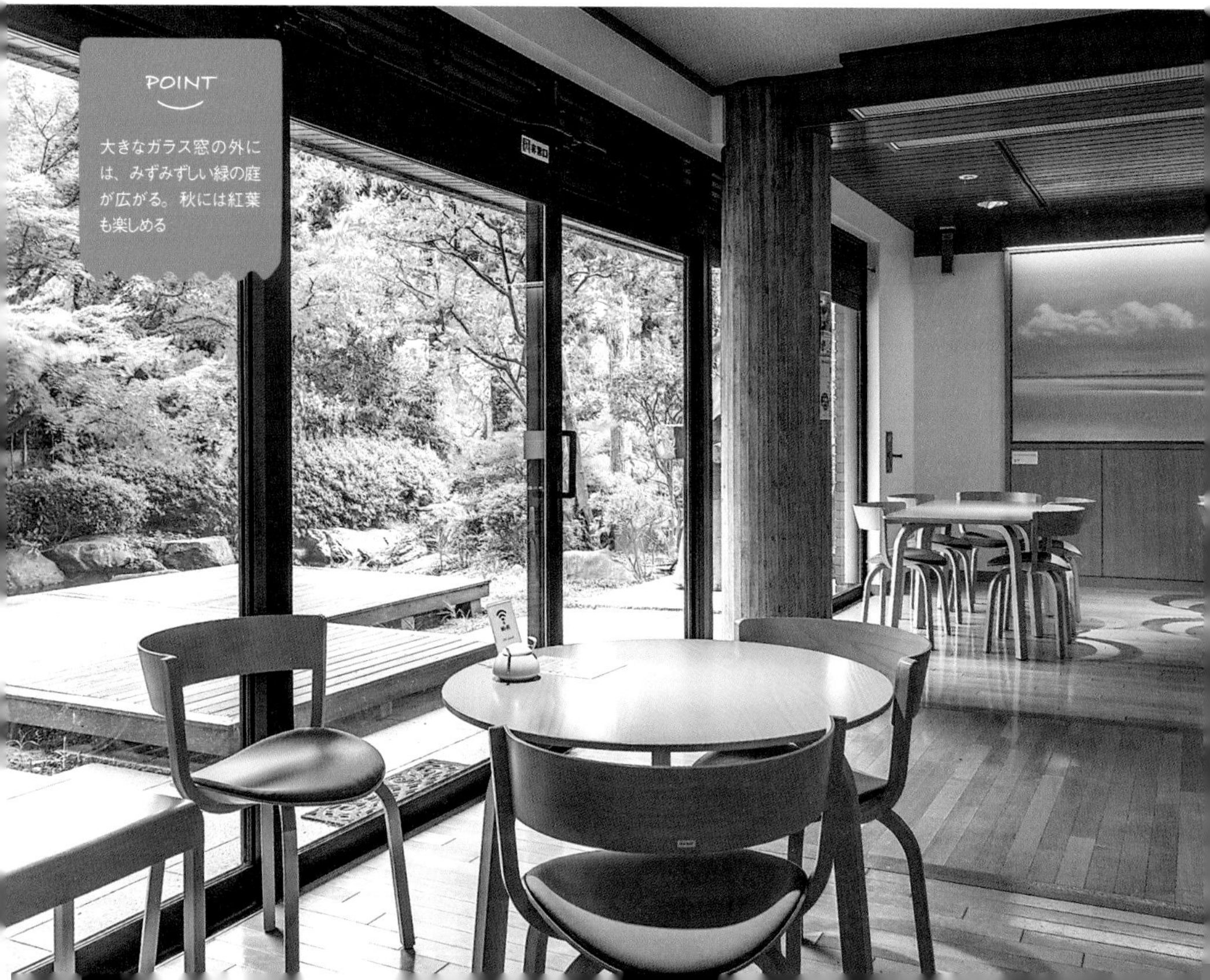

POINT

大きなガラス窓の外には、みずみずしい緑の庭が広がる。秋には紅葉も楽しめる

Pick up!

MENU

DRINK

ロンネフェルトの紅茶　650円～
アイスカフェ（コーヒーフロート）
800円
エルディンガー ヴァイスビア
（生ビール）　800円

FOOD & SWEETS

自家製茹で白ソーセージ　750円
自家製ソーセージ三種盛
2100円

（上）「ワンプレートメニュー」1400円。パンはライ麦と小麦をミックスした自家製　（中央）王様のお菓子という意味の「ケーニヒスクーヘン」500円。ドイツの「ダルマイヤーコーヒー」550円と共に　（下）ベルリンのソウルフード「カリーヴルスト」900円のソーセージは4種類から選べる。ドイツビールと楽しんで

心地よい風を感じながら過ごせるテラス席

壁にはドイツのアーティストによる絵画も

☎075-752-4131
京都市左京区吉田河原町19-3　ゲーテ・インスティトゥート・ヴィラ鴨川1F
営業時間 12:00～18:00（LO／17:30）
定休日 月曜　**席数** 27席（テーブル19席、テラス8席）
カード 不可
電子マネー 不可
アクセス 京阪線「神宮丸太町」駅5番出口から徒歩約7分
駐車場 なし
HP https://www.goethe.de/ins/jp/ja/m/sta/kyo/ueb/caf.html

荒神口

ME ME ME《ミー ミー ミー》

terrace　consent　wi-fi　takeout　book　zakka

たっぷりの美味と会話で1日の元気をチャージ

住宅街の路地に佇む外観は控え目だが、一歩入ると雰囲気は一変。ウッディな室内にヴィンテージ感ある家具や雑貨が並び、所々にコミカルなキャラクターが顔を出し、親しい友人の家へ来たような気分になる。メニューも遊び心いっぱいの命名で、例えば「ボーイビーツガールサンドウィッチ」といった具合。この雰囲気に心をほどかれ、料理の説明ついでに始まる、店主・晴航平さんの軽妙なトークに引き込まれる。

留学先だった米国・ポートランドの朝食文化に惚れ込んだ晴さんの思いから、何時でも「朝食」にありつけるのは魅力の一つ。京都産素材を生かした食事と、老若男女を問わないフランクなコミュニケーション……。そんな「いい時間」を目指して作られる料理はどれも、調味料やハーブ使いにどこか異国の風を感じる新鮮な味わいで、1日の元気がわいてくる。

POINT

使い込まれた味のある家具やちょっとお茶目な装飾、観葉植物にホッと心がなごむ

（右上）東京の「brown's cafe&beans」の豆を使った「コーヒー」495円（左上）「Chicken Baguette Sandwich」880円。バゲットとローストチキンがベストマッチ（左下）「MEMEME Breakfast Plate」1045円。ソーセージは紫野「かわきた屋」の特製。豆のトマト煮やポテトグリルも手が込んでいる

組み合わせ窓とソファが印象的

現地買い付けの雑貨なども

Pick up!

MENU

DRINK

カフェラテ
(Hot)550円・(Cold)605円
カフェニコ(Hot)　660円
レモネード　660円

FOOD & SWEETS

ツナサンドウィッチ　990円
ボーイビーツガールサンドウィッチ
935円

☎075-211-5880
京都市上京区上生洲町210
営業時間 8:30～15:00
定休日 不定休　**席数** 16席（テーブル14席、カウンター2席）
カード 可 VISA/Master/JCB/AMEX
電子マネー 可 QUICPay/iD/PayPay
アクセス 京阪線「神宮丸太町」駅3番出口から徒歩約5分
駐車場 なし
HP なし

河原町丸太町

冬夏《とうか》

terrace consent wi-fi takeout book zakka

静寂に包まれる店内でお茶と、自分と向き合う

築約１００年の日本家屋を改装したティールーム。しつらいなど建築当時のものを生かした重厚な雰囲気の店内には、風が中庭の木を揺らす音とお茶を淹れる音だけが聞こえ、静謐な空気が流れる。

6席のみのカウンター越しにスタッフが丁寧な手さばきで一煎、二煎とお茶を淹れてくれる。一煎目と二煎目では淹れる温度や方法が変わり、同じ茶葉でも異なる味わいに仕上がる。初めて訪れるなら、本日のおすすめから選んだお茶1種類と共に、その日の朝に作られる生菓子かカカオが楽しめるセット「波自（はじ）」がおすすめ。低い温度でじっくり淹れた一煎目の、凝縮した旨味に驚かされる。蒸らしを待つ間、スタッフのお茶談義に耳を傾けるのも楽しい。

喧騒から隔離された静かな空間で、お茶と向き合い、心を落ち着かせる。ふと忘れがちな時間を過ごせる貴重な一軒だ。

POINT
カウンター奥の窓からやさしい日差しが入り、屋内にいながら時の移ろいが実感できる

（右上）「波自」1900円。滋賀県朝宮地区の在来種の煎茶・sencha_zairai_musehi_2019とハワイ産カカオがマッチ　（左上）同じく「波自」。写真は新茶ならではの爽やかな甘みが楽しめる宮崎県産のkamairi_minekaori_2021

併設のギャラリーから中庭が望める

ティールームの茶道具は購入可能

Pick up!

MENU

DRINK

お茶1種類
（朝生菓子またはカカオ付）
1500円

お茶2種類
（朝生菓子とカカオ付）
3500円

お茶3種類
（朝生菓子とカカオ付）
4500円

☎075-254-7533
京都市上京区信富町298
営業時間 11:00～18:00（LO／17:30）
定休日 火曜　**席数** 6席（カウンター6席）
カード 可 VISA/Master/JCB/AMEX/Diners
電子マネー 可 QUICPay/iD ほか
アクセス 市バス「河原町丸太町」停から徒歩約3分／京阪線「神宮丸太町」駅3番出口から徒歩約7分
駐車場 なし
HP https://tokaseisei.com/

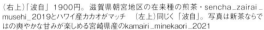

荒神口

かもがわカフェ《かもがわかふぇ》

terrace consent wi-fi takeout book zakka

手間暇かけて淹れるハウスブレンドを自然体で

河原町通と鴨川に挟まれた閑静な路地に建つビルの2階。木の温もりに満ちた落ち着きのある空間には、注文ごとに自家焙煎の豆を挽き、ハンドドリップで丁寧に淹れるコーヒーの香りが漂う。手間を醍醐味だと言うオーナーの高山大輔さんは、自身を〝アナログ人間〟と呼ぶ。

コーヒーをブレンドする際は、その日の気温や自分の体調、お客さんの様子、世の中の出来事も含めて様々なバランスに気を配るという高山さん。「独りよがりにならないことがコーヒーの味の秘訣です」。

気軽に楽しんでもらいたいから、豆や焙煎についてのこだわりはお客さんに押しつけない――。その空気感に惹かれたファンに支えられ、気付けばオープンから18年の月日が流れた。気取らない雰囲気でついつい長居してしまいたくなる一軒だ。

POINT

古民家の佇まいと、壁一面に設けられた窓からの光が、温もりあふれる空間を演出

Pick up!

MENU

DRINK

コーヒー　各500円
チャイ　620円
ミルクコーヒー（カフェオレ）
570円
ウインナーコーヒー　570円

FOOD & SWEETS

日替わりAランチ　820円
ガトーショコラ　480円

（上）「レモン風味のチーズケーキ」480円は、やわらかな甘さと酸味の爽やかな味わい（中央）深煎りの「かもがわハウスブレンド」500円は、甘い香りと苦味が特徴。すっきりとした飲み口で飽きない（下）季節の野菜やごろりと入ったお肉など、週ごとに色々な味が楽しめる「週替わりのカレーライス」800円

BGMにアナログレコードをかける日もある

大きな本棚には漫画や絵本などが並ぶ

☎075-211-4757
京都市上京区上生洲町229-1
営業時間 12:00～23:00
定休日 木曜　**席数** 30席（テーブル25席、カウンター5席）
カード 不可
電子マネー 不可
アクセス 京阪線「神宮丸太町」駅3番出口から徒歩約5分
駐車場 なし
HP https://cafekamogawa.com/

高倉夷川

クラス エビスガワ

Kurasu Ebisugawa

terrace consent wi-fi takeout book zakka

多彩な器具がずらり 暮らしの中にコーヒーを

古くから家具や雑貨の専門店が立ち並ぶ夷川通にある、カフェ兼コーヒー器具のセレクトショップ。元々はコーヒー器具を販売するオンラインショップで、「販売する器具だけで淹れたコーヒーが飲めるお店を」と2020年にオープンした。

同店こだわりの「ハンドドリップコーヒー」は、家庭用のグラインダーで豆を挽くので、店で気に入った味を自宅で再現しやすいのがうれしい。バリスタが使う器具はすべて店内で購入可能。カフェ利用だけでなく器具を買いに訪れる人も多い。「丁寧にヒアリングし、お客さまの暮らしに最適な器具をコーディネートします」とマネージャーの大木彩夏さん。

使う豆によってグラインダーやドリッパーも変えているのがここならでは。ほかの店ではあまり意識しない、器具による味の違いに注目してみても楽しそうだ。

POINT

店内に入ってすぐ器具が目に入り、楽しみながら奥の座席まで進むことができる

空気圧を利用する
「エアロプレス」
で抽出

Pick up!

MENU

DRINK

カスカラコーヒーチェリーティー
600円
ほうじ茶ラテ　500円
水出しコーヒー　500円
アイスハンドドリップ　550円

(上)深みのある味で毎日飲んでも飽きない「エアロプレスラテ」600円　(中央)オリジナルブレンド抹茶・URAHAを使った「抹茶ラテ」600円　(下)「ハンドドリップコーヒー」500円〜は伏見稲荷の自社焙煎所直送のスペシャルティコーヒー。梅園の「あんがさね」1個300円・2個500円のフルーツあんとマッチ

目の前で丁寧にハンドドリップしてくれる

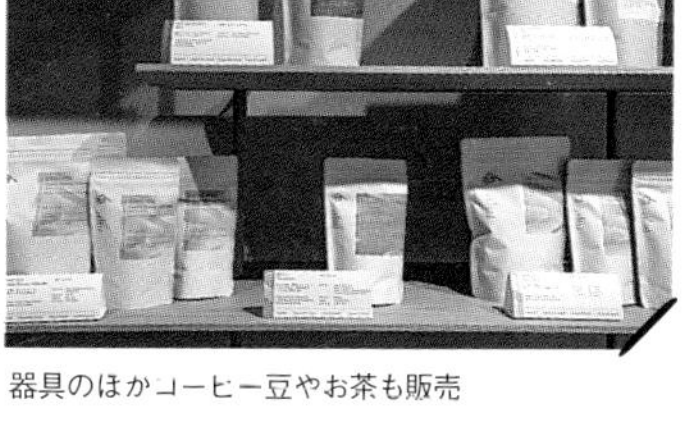

器具のほかコーヒー豆やお茶も販売

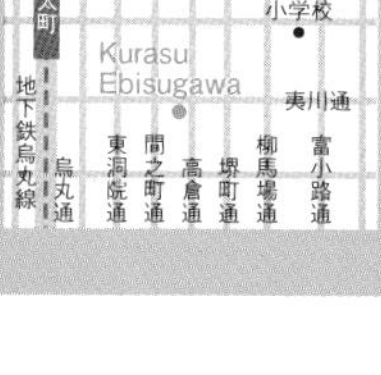

☎075-222-5522
京都市中京区夷川通東洞院東入ル 山中町551
営業時間 9:00〜17:00
定休日 不定休　**席数** 13席(テーブル9席、カウンター4席)
カード 可 VISA/Master/JCB/AMEX
電子マネー 可 QUICPay/iD/PayPay ほか
アクセス 地下鉄烏丸線「丸太町」駅7番出口から徒歩約5分
駐車場 なし
HP https://jp.kurasu.kyoto/

烏丸一条

虎屋菓寮《とらやかりょう》 京都一条店《きょうといちじょうてん》

terrace consent wi-fi takeout book zakka

老舗和菓子店の甘味を 落ち着いた佇まいの空間で

室町時代後期に京都で創業し、約500年にわたり和菓子を作り続けてきた「とらや」。御所の西に建つ「虎屋菓寮 京都一条店」では、手入れの行き届いた美しい庭園を眺めながら、同店自慢の甘味を味わえる。店内には和菓子や日本文化に関わる書籍が約600冊並び、自由に読むことができるのも魅力。一人で訪れて、ゆったりとした時間を贅沢に過ごすのもよいだろう。

人気の「季節の生菓子」は常時約6種類そろい、内容は約半月ごとに変わる。お菓子の名前や製法などが書かれたメニューを見ながら、どれを選ぶか悩むのも至福のひととき。

通年提供される「あんみつ」も人気のメニュー。トッピングが定期的に変わり、5~9月は青梅、続いて蜜栗・金柑・若桃と、折々の季節の味わいを堪能できるのがうれしい。

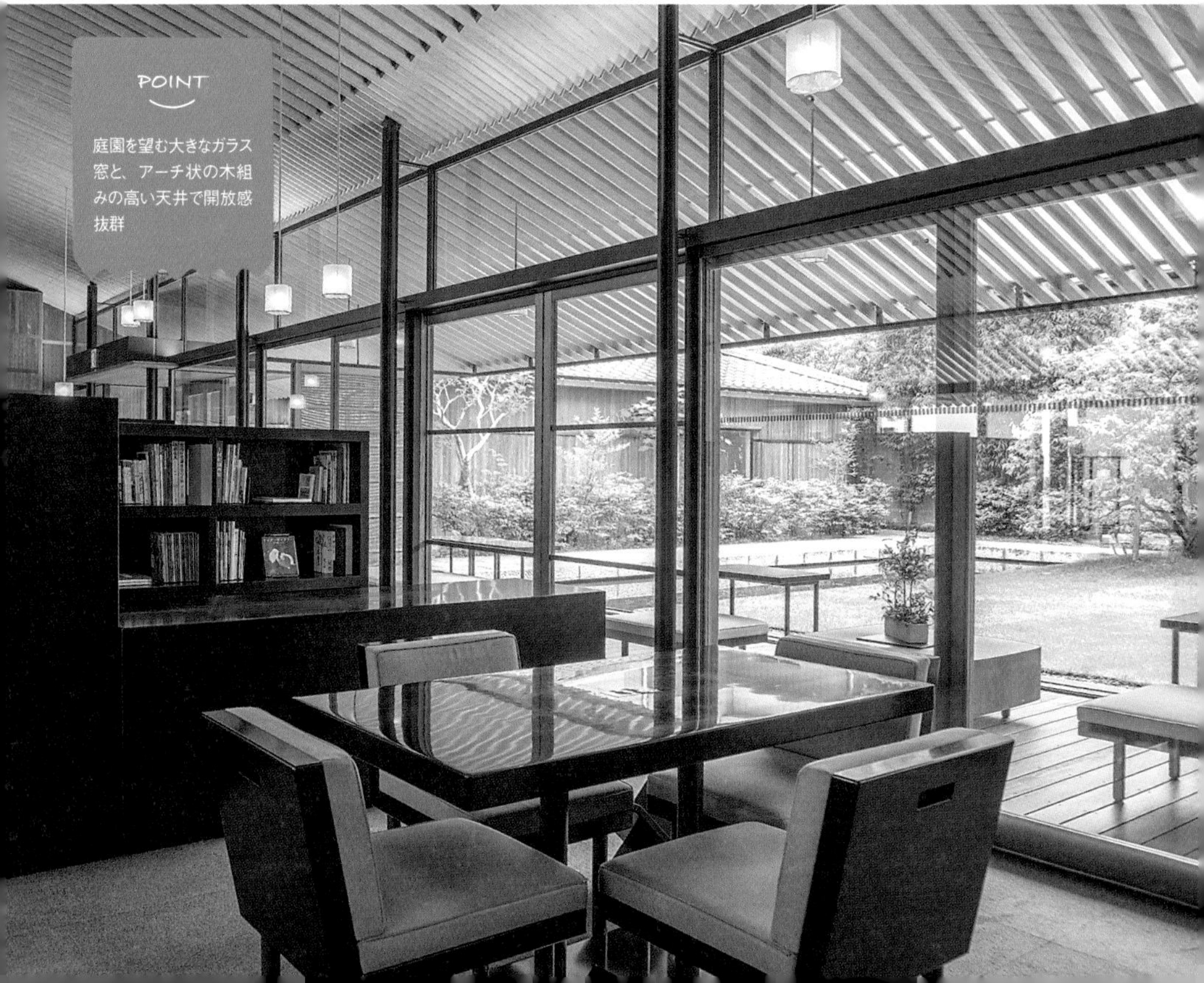

POINT
庭園を望む大きなガラス窓と、アーチ状の木組みの高い天井で開放感抜群

(右上)黒蜜・白蜜が選べる「あんみつ」1320円は、北海道産小豆を使ったこしあんと弾むような食感の寒天がマッチ　(左上)「抹茶　京の調（しらべ)」880円はまろやかで上品な味わい　(左下)写真の菊に見立てた「主草（あるじぐさ)」は9月の生菓子。白あんのやさしい甘みが楽しめる。玉露とセットで1375円

中庭を見ながら優雅なカフェ時間を

和菓子や日本文化の本がずらり

Pick up!

MENU

DRINK

煎茶 京の文　770円
玉露　880円
あずき茶　770円

FOOD & SWEETS

葛切　1430円
かき氷 ※夏期限定　1320円～
お汁粉 ※冬季限定　1320円
季節の羊羹(抹茶付)
1430円

☎075-441-3113
京都市上京区一条通烏丸西入ル 広橋殿町400
営業時間 10:00～18:00(LO／17:30)
定休日 不定休　**席数** 42席(テーブル28席、テラス14席)
カード 可 VISA/Master/JCB/AMEX/Diners ほか
電子マネー 可 ほか
アクセス 地下鉄烏丸線「今出川」駅6番出口から徒歩約7分
駐車場 8台
HP https://www.toraya-group.co.jp/

丸太町新町

MIX PANDA COFFEE《ミックス パンダ コーヒー》

terrace consent wi-fi takeout book zakka

パンダがいっぱいの レトロモダンな安らぎ空間

壁に掛かる「#パンダ貸します」という不思議な看板に誘われて扉を開くと、迎えてくれるのは数え切れないほどのパンダたち。店内のあちこちに置かれた大小様々なぬいぐるみやカウンターに描かれたウォールアート、イラストレーター・Tomideさんによるショップロゴなど、どれもキュートで心癒やされる。看板に書かれている言葉通り、フェルトのパンダを借りて、メニューと一緒に写真を撮るのも人気だ。

「古い建物を生かしつつ、新しいデザインも取り入れた」という店内は、入口付近が吹き抜けになっていて、窓から陽光が降り注ぎ開放的。2階は床一面に人工芝が敷かれたナチュラルな空間で、ピクニックチェアが置かれた席もあり、ゆったりと過ごせる。また1階席では、人力車の車夫もしているという気さくなオーナーとの会話も楽しめる。

POINT

元薬局だった建物をリノベーション。柱や梁などを残しながらも、色彩豊かでモダンな雰囲気

(上)「イタリアンクリームソーダ」650円。バタフライピーのシロップを加えて混ぜると淡いピンクに変わる　(中央)カスタードプディングケーキ「フラン」450円は、初期の頃からの人気スイーツ　(下)レタスやトマト、水菜などをたっぷり使った「野菜たっぷりタコライス」900円(提供は11:00〜14:00)。ドリンクorスイーツ付

Pick up!

MENU

DRINK

カプチーノ　550円
カフェラテ　550円
ドリップコーヒー　500円
タピオカアイスラテ　700円

FOOD & SWEETS

自家製ニョッキ
※11:00〜14:00　900円
MPCバーガー
※18:00〜21:00　1200円
季節のチーズケーキ　550円

ユニークなフレーズが印象的

パンダグッズが至る所に

☎075-746-6447
京都市上京区新町通丸太町上ル 春帯町352
営業時間 11:00〜15:00(LO／14:00)、18:00〜22:00(LO／21:00)
※木・土曜は11:00〜15:00のみ
定休日 日曜　**席数** 25席(テーブル20席、カウンター3席、ソファ2席)
カード 可 VISA/Master/JCB/AMEX/Diners ほか
電子マネー 可 QUICPay/iD/PayPay ほか
アクセス 地下鉄烏丸線「丸太町」駅2番出口から徒歩約5分
駐車場 なし　**HP** なし

堀川中立売

喫茶《きっさ》ゾウ《ぞう》

terrace　consent　wi-fi　takeout　book　zakka

COFFEE

レトロかわいいドリンクと〝名古屋めし〟が評判

40年以上営業していた純喫茶の建物をそのまま生かし、2019年春にオープン。昔ながらの雰囲気を漂わせる佇まいにハートを撃ち抜かれたレトロ喫茶ファンが府外からも多く訪れる人気店だ。

運営を手がけるのは愛知県の味噌蔵・今井醸造とあって、フードメニューに自慢の味噌をふんだんに使った〝名古屋めし〟を多数ラインナップしているのも特徴の一つ。「蔵元直送の肉みそを使ったごはんもののほか、京都では珍しい、麺が硬めの『みそ煮込みうどん』なども好評です」と店長の山田奈末さん。

また、同店を訪れる人の多くが注文するのが、昭和レトロなドリンクメニューだ。赤いチェリーののった「クリームソーダ」は、炭酸が強めで大人な味わい。アイスクリームは卵不使用でさっぱりと仕上げているので、食後も別腹で楽しみたい。

オリジナルグッズ

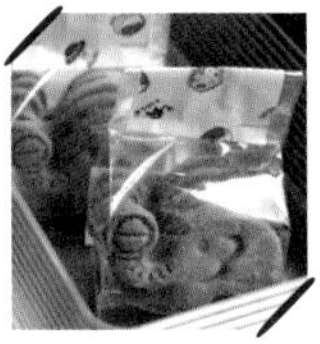
クッキーはお土産に

料理に使われる
自慢の味噌は
レジ横で販売も

Pick up!

MENU

DRINK

レモンフロート クッキー乗せ
726円
ココアフロート クッキー乗せ
726円
抹茶のカフェラテ　605円

FOOD & SWEETS

みそ煮込みうどん(赤・白)
1045円
プリンアラモード 968円

(上)大ボリュームの「トマトの肉みそオムライス」1188円
(左下)「クリームソーダ」638円は赤・青・緑の3色展開。プラス88円でクッキー付に
(右下)チーズ入り厚焼き玉子を挟んだ「みそ屋のたまごサンド」858円

POINT

純喫茶の趣を残した店内。ご近所さんから観光客まで、誰もが気張らず自然とくつろげる

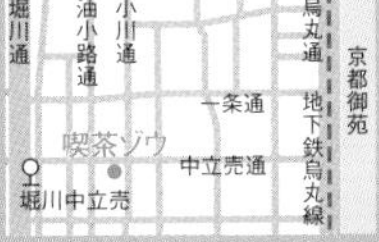

☎075-406-0245
京都市上京区三丁町440-3
営業時間 9:00〜18:00(LO/17:00)
定休日 不定休(Instagramに掲載)　**席数** 17席(テーブル12席、カウンター5席)
カード 可 VISA/JCB ほか
電子マネー 可 QUICPay/PayPay ほか
アクセス 市バス「堀川中立売」停から徒歩約3分/地下鉄烏丸線「今出川」駅6番出口から徒歩約10分
駐車場 なし
HP なし

烏丸今出川

バザールカフェ

BazaarCafe

terrace　consent　wi-fi　takeout　book　zakka

ゆるい空気に人々が集う居心地のよい空間

　住宅街に佇む一軒の古い洋風建築から人々の楽しそうな声が聞こえてくる。細い道を進むと、開放的なテラス席や広場、小屋が目に入る。ここは、アメリカ人建築家・ヴォーリズが、外国人宣教師のために手がけた邸宅。今では、国籍など立場の異なる人々が互いに認め合い共生していくカフェとして開かれ、運営は多くのボランティアに支えられている。

　人気メニューは、曜日ごとに国籍の異なるシェフが厨房に立ち、自国の郷土料理を振る舞う日替わりランチ。その味に魅了されて通う常連客も多い。

　風が心地いい広場ではハンモックに揺られる人や、ＤＩＹをする人など、食事を楽しみながら思い思いの時を過ごすお客さんの姿が。そんな光景が、まるで市場（バザール）にいるかのような活気と、肩の力が抜けるゆるい空気感を生み出している。

洋館を生かした店内

手作り雑貨も販売

タイ人シェフによる
カレーラーメン。
食欲をそそる香り

（上）「本日の日替わりランチ」700円　（左下）ルーやトッピングに干しエビをたっぷり使ったコク深い「干しエビのココナッツカレー」700円　（右下）しっとりとした生地が特徴の「クレイジーチョコレートケーキ」450円は卵・牛乳不使用

Pick up!

MENU

DRINK

バザール
オリジナルコーヒー　450円
ティーオレ　450円
ティーソーダ　450円
バナナジュース　500円

FOOD & SWEETS

ロコモコ　750円
チキンサンド
（2P）550円・（3P）600円

POINT

テラスはボランティアと作り上げた場所。緑に囲まれ、のどかな雰囲気が漂う

☎075-411-2379
京都市上京区岡松町258
営業時間 11:30～17:00（LO／16:30）
定休日 日·月曜　**席数** 18席（テーブル10席、テラス8席）
カード 不可
電子マネー 不可
アクセス 地下鉄烏丸線「今出川」駅4番出口から徒歩約3分
駐車場 なし
HP https://www.bazaarcafe.org/

北山

IN THE GREEN《インザグリーン》

terrace　consent　wi-fi　takeout　book　zakka

植物園の森に囲まれた自然いっぱいの空間

北山通に面する京都府立植物園の北山門の脇に建つトラットリア&カフェ。すぐ隣が植物園内の桜品種見本園とあって、大きな窓やテラス席からは、春は桜、初夏は新緑が眺められ、まるで森の中で過ごしているような心地よさ。「北山は京都の町中よりも若干涼しいですし、風の抜ける夏の夕暮れ時もおすすめ」と広報の北奥絵美さん。広々としたオープンテラスではＢＢＱも楽しめるので、アウトドア気分を満喫する人も増えているそう。

イタリア・ナポリから取り寄せたピッツァ窯を使って職人が手作りする、15種の窯焼きピッツァが看板メニュー。４００度以上で焼き上げる生地は表面はサクサク、中はモチモチでボリューム満点。また、ワッフルやケーキなどの自家製スイーツやアルコール類も豊富なのでオールデイユースなのもうれしいポイント。

POINT

2021年４月にはテラス席を増設。お気に入りの席を指定して予約する人もいるそう

Pick up!

MENU

DRINK

グラスワイン　680円〜
クラフトビール　720円
自家製レモネード　650円
フレーバーティー　620円

FOOD & SWEETS

奥丹波どりの
タンドリーチキン　1870円
海老とレンコンの
クリームコロッケ　660円

(上)サラダ付の「マルゲリータPIZZA LUNCH」1100円は、不動の定番メニュー (中央)ボリューミーな「週替わりランチプレート」1100円。この日のメインは「牛肩ロースのステーキ」 (下)甘さ控え目のソフトクリームがたっぷりのった「はちみつレモンと塩バターのワッフル」900円。レモンの爽やかな酸味が広がる

特製生地を薪窯で焼き上げる

洋酒の瓶などがずらりと並ぶ

☎075-706-8740
京都市左京区下鴨半木町 府立植物園北山門横
営業時間 11:00〜23:00(フードLO/22:00、ドリンクLO/22:30) ※ランチは15:00(LO)、ディナーは17:00〜
定休日 なし　**席数** 136席(テーブル・カウンター78席、テラス58席)
カード 可 VISA/Master/JCB/AMEX/Diners ほか
電子マネー 可 PayPay
アクセス 地下鉄烏丸線「北山」駅3番出口から徒歩約1分
駐車場 なし　**HP** https://inthegreen.jp/

北白川

オープン ドア コーヒー

OPEN DOOR COFFEE

terrace consent wi-fi takeout book zakka

幅広い層に親しまれる やさしさあふれる居心地

店名の通り、誰でも入りやすい雰囲気で、老若男女に愛されるカフェ。店内は、白壁に木とガラスとスチールをアクセントにしたクリーンな雰囲気。奥には勉強や仕事に集中できるようにと区切られた、電源付の小テーブル席があり、読書に没頭するのにも最適。庭のテラス席でも、子どもと遊んだり、音楽やスケッチなどの趣味を楽しんだり……思い思いの時間を過ごすことができる。デカフェや無添加ジュースなど、ママや赤ちゃんにやさしいメニューもそろえているのもうれしい。

味わい深いスペシャルティコーヒーは、京都や東京の人気ロースターから取り寄せた豆を使用。フルーティーな浅煎りからコクのある深煎りまで多彩な種類をそろえる。イギリス風の本格的な自家製スコーンも人気を集める理由の一つ。スコーン目当てに訪れるファンも多いそう。

POINT

散歩がてら訪れる人や愛犬とくつろぐ人など、地元の憩いの場として親しまれている

Pick up!
MENU

DRINK
ブレンドコーヒー 深煎り　500円
デカフェ　540円
nono farmの
無添加リンゴジュース　500円

FOOD & SWEETS
あんバタートースト　500円
スコーンサンド あんホイップ
520円
ツナとレタスのサンドイッチ
750円

(上)サクサク食感のスコーンでバニラアイスを挟んだ「スコーンサンドアイス（バニラ)」520円。見た目もかわいくて、コーヒーとの相性も抜群　(中央)バリスタが丁寧に淹れる「カフェラテ」540円　(下)「スコーンプレート」700円。人気のスコーンとニンジンのラペなど2種類のサラダをワンプレートで。ブランチにもぴったり

営業中はドア形の看板が開く

すっきりとした印象の店内

☎075-741-7323
京都市左京区北白川瀬ノ内町28-1
営業時間 10:00～19:00（LO／18:15）※季節により異なる
定休日 木曜（祝日の場合は営業）　**席数** 23席（テーブル15席、テラス8席）
カード 可 VISA/Master/JCB/AMEX/Diners
電子マネー 可 QUICPay/iD
アクセス 市バス「上終町京都造形芸大前」停から徒歩約1分／叡電「茶山」駅から徒歩約10分
駐車場 なし
HP http://opendoor-kyoto.com/

元田中

珈琲焙煎所《こーひーばいせんしょ》 旅の音《たびのね》

terrace consent wi-fi takeout book zakka

世界中を旅して見つけた
スペシャルなコーヒーを

市街から少し離れた住宅地、元美術学校をリノベーションした複合施設「The Site」の1階にある焙煎所＆カフェ。コーヒーに魅せられたオーナー、北辺佑智さんが世界中を旅して出会った生産者や農園から仕入れるスペシャルティコーヒーが味わえる。

現地に足を運び生産者と信頼関係を築き、フェアトレードで輸入することにこだわり続ける北辺さん。各農園独自の味を感じてほしいとブレンドせず、すべてシングルオリジンで提供している。新鮮な生豆を店内でひときわ存在感のある焙煎機で少しずつ焙煎し、常に鮮度のいい状態で楽しめる。

自慢のコーヒーを使用するコーヒーゼリーやアフォガートなどのスイーツ、ボリューミーなサンドイッチといったフードメニューも豊富。ポットやドリップスタンドなどのコーヒー器具や、コーヒー豆も購入できる。

POINT

美術学校の教室を改装したアトリエ風の店内。ドライフラワーやランプなどの装飾が華を添える

Pick up!

MENU

DRINK

コーヒー　500円〜
金木犀ラテ　650円
クリームソーダ　680円

FOOD & SWEETS

白みそレモントースト　650円
バジルソーセージのホットサンド
1000円
タビノネプリン　520円

(上)香り豊かなエチオピアの豆をゼリーに。ミルクゼリー、ラズベリーの果肉などを重ね合わせた「コーヒーゼリーパフェ」900円　(中央)グレープフルーツを思わせる酸味が感じられる「コーヒー（ミャンマー）」550円は、開店当初からの定番の味　(下)「アフォガート」580円は、コーヒーの果皮から作ったシロップをかけて

店内の焙煎機からは芳しい香りが

農園や豆の特徴を紹介するコーナー

☎075-703-0770
京都市左京区田中東春菜町30-3 The Site A号
営業時間 12:00〜18:00（LO／17:30）
定休日 月曜　**席数** 10席（テーブル6席、カウンター4席）
カード 可 VISA/Master/JCB/AMEX
電子マネー 可 QUICPay/iD/PayPay
アクセス 叡電「元田中」駅から徒歩約5分
駐車場 なし
HP https://webshop.tabinone.net/

高野橋

CAFE air《カフェ エアー》

terrace consent wi-fi takeout book zakka

爽やかな川沿いで大原＆静原の新鮮野菜を

　高野橋のたもとにあり、川の土手からも店に入れるのが楽しい。ガラス張りのテラス席はペットもOKなので、愛犬の散歩途中にご近所さんがふと立ち寄ることも。

　四季折々の表情を見せる高野川や比叡山を眺めながら、ゆったりと過ごせるロケーションと同じくらい人気を呼んでいるのが、新鮮野菜をふんだんに使ったランチメニューの数々。店から車で20分ほどという近さもあって、大原の「里の駅」や静原の農家から、無農薬や低農薬のものを仕入れている。大原は多種多様な野菜が豊富に栽培され、プロの料理人も注目するエリア。そんな色とりどりの野菜を使ったサラダがメインの「京都大原野菜のランチプレート」はぜひ味わってみたい。パスタやピザなどのランチにも「ちょこっと大原野菜」付。セットのドリンクにはビオワインも選べるので、優雅に昼飲みしてみても。

POINT

高野川と比叡山を望むテラス席。窓や扉を開ければ店内を心地いい風が通り抜けていく

リコッタチーズと
自家製アンチョビ
ソースで味わって

Pick up!

MENU

DRINK

大原の赤じそソーダ　500円
BIO・自然派ワイン　500円
利きクラフトビール3種　1200円

FOOD & SWEETS

おじやんリゾットランチ　1200円
本日のピザランチ
（ホールサイズ）　1380円
季節のクレームブリュレ　650円

（上）「京都大原野菜のランチプレート」1180円。旬の野菜が15～20種類ほど。この日はロマネスコなど珍しいものも （中央）ほんのりハーブが香る「カモミールのシフォンケーキ」550円 （下）「本日のパスタランチ」1200円から。写真は黄ズッキーニのクリームソースカルボナーラ。自慢のサラダも楽しめる

テラスから光が差し込む

カラフルな野菜がディスプレイ

☎075-721-6117
京都市左京区下鴨東森ケ前町19 カーサ下鴨1F
営業時間 12:00～17:00 ※ランチは～15:00
定休日 火曜（祝日の場合は営業）　**席数** 30席（テーブル14席、カウンター2席、テラス14席）
カード 不可
電子マネー 可 PayPay
アクセス 市バス「高野橋東詰」停から徒歩約3分／叡電「茶山」駅から徒歩約12分
駐車場 2台
HP なし

河原町今出川

ha ra《ハラ》

terrace consent wi-fi takeout book zakka

光と緑、古道具に心緩むコージーな空間

河原町通沿いの全面ガラスから光がやわらかく差し込み、厨房奥の窓に庭の緑がのぞく。風が通り抜けるような清々しい感覚に包まれるカフェは、惜しまれながら閉店したカフェ「efish」最後の店長・原こころさんが2020年にオープン。「無骨なものが好き」という原さんは元電器店の建物を、古い土壁や梁（はり）を極力生かして改装。モロッコで求めたラグや骨董市で見つけたイスなど味のあるインテリアと、さりげなく置かれたサボテンや山野草がくつろいだ空気を紡いでくれる。

生ライムをまるごと一つ搾った贅沢スムージーに、ベーコンを炒めた鉄板でパンを焼き上げたBLTサンドなど、技と工夫をこらしたメニューに加え、やはり「efish」出身だという菓子工房「HORNO」のやさしい風味の焼き菓子やケーキが日替わりで楽しめるのもうれしいポイント。

POINT

趣あるインテリアとやわらかく降り注ぐ自然光が調和し、小さな店にゆったりした空気が流れる

（右上）爽やかな風味が広がる「efishのライムジュース」880円 （左上）鉄板で焼き上げた「French toast」847円は、ふわっとしてジューシー。添えられたアイスと生クリームも美味 （左下）「BLT sandwich」902円。香ばしいベーコンとシャキッとしたレタス、塩を振り甘みを増したトマトがベストマッチ

Pick up!

MENU

DRINK

ドリップコーヒー　550円
自家製ジンジャーエール　660円
チャイティー　748円

FOOD & SWEETS

Vegitable sandwitch　979円
Today's Soup（パン付）
847円
HORNO's cake　682円～

一脚ごとに異なるイスも味わいが

ご近所さんが花をくれることも

☎075-285-4821
京都市上京区梶井町448-62
営業時間 10:00～19:30（LO／18:30）
定休日 火曜、ほか不定休あり
席数 14席（テーブル14席）
カード 可 VISA/Master/JCB/AMEX/Diners
電子マネー 可 QUICPay/iD
アクセス 市バス「河原町今出川」停から徒歩約3分／京阪線「出町柳」駅1番出口から徒歩約10分
駐車場 なし　**HP** なし

紫竹

ウルクス

ULUCUS

terrace consent wi-fi takeout book zakka

アートに浸れる空間で異国の美食を頬張る幸せ

落ち着きを湛えた北山通沿いに佇む、昭和初期の町家を改装した建物。温もりあふれる空気が漂い、北欧の高級家具やヴィンテージの食器が居心地よさげに収まっている。なかでもひときわ目を引くのは、オーナーの義父である彫刻家で画家の中村直人の作品の数々。ここはそんな「本物」で満たされた喫茶。

ぜひ味わいたいのは、オーナーがパリで暮らしていた頃の思い出の味を再現した「ロティサリーチキン」だ。国産丸鶏を専用のオーブンでじっくり焼き上げたジューシーな味に惚れ込んだリピーターも多い。また、2軒隣にある自家焙煎のコーヒー豆専門店「サーカスコーヒー」のブレンドもおすすめの一杯。

ほかにも猟師であるオーナーの弟から仕入れるジビエや、大原や上賀茂など京都産の野菜を使った多国籍料理がそろうのも魅力的だ。

POINT

北欧家具と画家・中村直人が描いた絵画などが違和感なくなじむインテリア。テラス席もあり

Pick up!

MENU

DRINK

自家製レモンスカッシュ　750円
旅するりんご農家さんの
100%りんごジュース　610円
生ビール　610円

FOOD & SWEETS

おつまみ盛り合わせ（1～2人前）
1980円
グルテンフリーナッツケーキ
500円

（上）ハーブなどを配合したマリネ液に丸鶏を3日間漬け、皮はパリッと身はしっとりと仕上げた「ロティサリーチキンプレート」1250円　（中央）人気ロースター「サーカスコーヒー」の「79ブレンド」510円　（下）「シナモンロール」350円～は、サイズによって値段が決められる。品のよい香りが広がる大人な味わい

町家情緒を生かした空間

ヴィンテージ感あふれるランプシェード

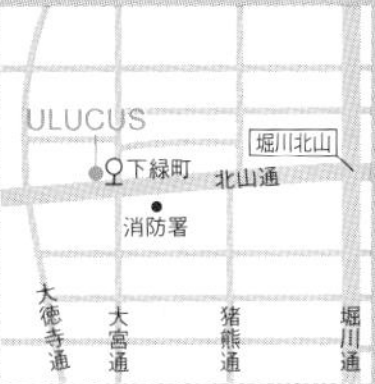

☎075-406-0308
京都市北区北山通大宮西入ル 紫竹下緑町31-2
営業時間 11:00～15:00（LO／14:00）、17:00～20:00（LO／19:00）
定休日 月曜（祝日の場合は翌日）　**席数** 12席（テーブル10席、テラス2席）
カード 可 VISA/Master/AMEX
電子マネー 可 PayPay
アクセス 市バス「下緑町」停から徒歩約1分
駐車場 なし
HP http://ulucus.cafe/

堀川鞍馬口

古書と茶房《こしょとさぼう》 ことばのはおと《ことばのはおと》

terrace consent wi-fi takeout book zakka

町家で出合う本と猫と おいしい癒やしの時間

閑静な住宅街の中に建つ、白い暖簾の京町家。古民家の佇まいをそのまま生かした店内には、猫の置物と本がずらり。本好きのオーナー夫妻が集めた古書はどれでも自由に読むことができ、「普段読まないような本や、新しい発見に出合うきっかけになれば」と、アートから文学、歴史、鉄道関係まで、様々なジャンルの本が並ぶ。読みたい本をピックアップして席につくのもよし、座った席の前にある本棚から一冊を選ぶもよし。まるで祖父母の家を訪れたようなホッとする空気が漂う和の空間で、やさしい時間が過ごせる。

そんな読書タイムのお供には、自家焙煎ネルドリップコーヒーの専門店「カフェ工船」の豆で淹れる一杯や、野菜をたっぷり使ったランチプレートなどを。猫の表情に思わずキュンとする「にゃんこパフェ」も、猫好きならずとも注文したい一品だ。

POINT

坪庭を望む畳敷きの部屋で足を伸ばしてゆっくり本を読み、ノスタルジックな気分に

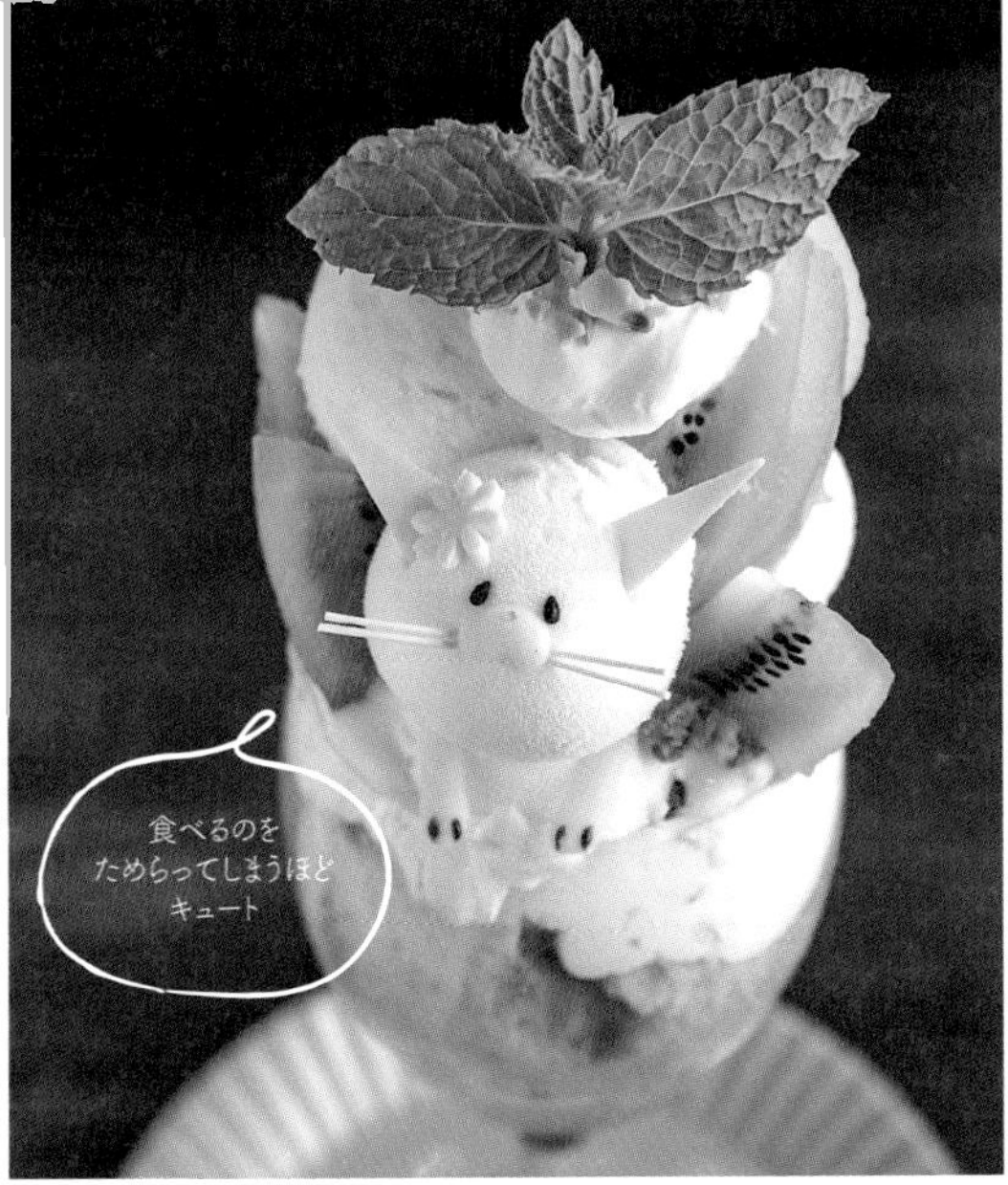

Pick up!

MENU

DRINK

カフェ工船コーヒー　550円
ジンジャーエール（自家製）
550円

FOOD & SWEETS

シフォンケーキ　660円
カフェゼリー　770円
ティティ　660円

（上）季節のフルーツ、ゼリーなどを盛り込んだ「にゃんこパフェ」1320円。ドリンクなどとセットでオーダー可　（中央）気取らない味わいの「青春プレートごはん」1100円。メインは肉料理で、サラダなどの副菜やごはん、味噌汁が付く　（下）「一保堂茶舗」の抹茶を使った「抹茶ミルク」660円。素敵な本と一緒に楽しみたい

猫の絵本や書籍を集めたコーナーも

猫好きのオーナーが集めた招き猫

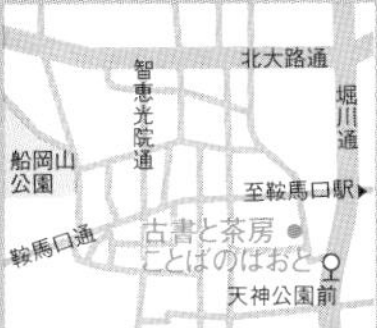

☎075-414-2050
京都市上京区天神北町12-1
営業時間 11:30〜18:00（LO／17:00）
定休日 月･火曜（祝日の場合は営業）
席数 12席（テーブル10席、カウンター2席）
カード 不可　**電子マネー** 不可
アクセス 市バス「天神公園前」停から徒歩約3分／地下鉄烏丸線「鞍馬口」駅から徒歩約12分
駐車場 なし
HP http://www.kotobanohaoto.net/

北白川

そうげんカフェ《そうげんかふぇ》

terrace　consent　wi-fi　takeout　book　zakka

古いインテリアがなじむナチュラルな空間

緑あふれるアプローチから重厚な扉の奥へ進むと、使い込まれたテーブルやイス、棚などが配された温もりある空間が広がっている。元フローリストで古物商でもあるオーナー自らリノベーションして開いたお店で、開店後も天井に古材を張ったり、古い建具をインテリアに加えたりと、スタッフと一緒に改装を加え続けている。最近ではカウンター席を増やしたそう。芸術大学の向かいという場所柄、学生や先生が勉強や仕事をする姿も。テーブルの間隔がゆったり取られているので、思い思いの時間を満喫できる。

フードの人気はカレー。なかでも「ポークキーマとバターチキンのあいがけカレー」は、スパイスで炒めたジャガイモのサブジや福神漬が彩りを添え、とろ～り半熟の卵がのった華やかな一皿。ケーキや焼き菓子はテイクアウトもできるのでお土産にも。

POINT

店内は奥行きがあり、ほかのお客さんと適度な距離が保てるレイアウト。窓からのぞく緑も鮮やか

（右上）「ポークキーマとバターチキンのあいがけカレー」1100円。スパイシーなキーマとマイルドなバターチキンを一度に （左上）レモンバーベナやラズベリーリーフなど5種のハーブを合わせた「sowgenオリジナルブレンドハーブティー」594円 （左下）フルーツ&アイスを添えた「プリンアラモード」880円

クッキーやショートブレッドを販売

天井近くにグリーンをディスプレイ

Pick up!

MENU

DRINK

自家製ジンジャーエール　649円
マサラカルダモンチャイ　649円

FOOD & SWEETS

チキンキーマとほうれん草のカレー　935円
サーモンとサワークリームのケークサレ　440円
キャロットケーキ　440円
バスク風チーズケーキ　495円

☎075-724-4046
京都市左京区北白川上終町10-2
営業時間 11:00～17:00（LO／16:30）
定休日 土·日曜、祝日　**席数** 16席（テーブル9席、カウンター7席）
カード 可 VISA/Master/JCB/AMEX/Diners
電子マネー 可 PayPay
アクセス 市バス「上終町京都造形芸大前」停から徒歩約1分／ 叡電「茶山」駅から徒歩約10分
駐車場 なし
HP http://www.sowgen.com/

三条会商店街

スイーツ カフェ キョウト ケイゾー

Sweets Cafe KYOTO KEIZO

terrace　consent　wi-fi　takeout　book　zakka

できたてのスイーツを待っている時間も楽しい

三条会商店街の一角に建つ築100年超えの建物をリノベーションし、2016年にオープン。京都の町家に多く見られる深い奥行きがある店内は、高い天井が広さを感じさせる。一脚ずつデザインが異なるアンティークのイスなどが、落ち着いた雰囲気とマッチ。姉妹店である隣の洋菓子店に並ぶケーキなどもこちらで味わえる。

数あるスイーツの中、看板は何と言っても「10分モンブラン」。低温で3時間かけじっくり焼き上げたメレンゲの食感が失われないうちに味わってほしいと、おすすめされる賞味期限は完成から10分以内。サクッとした食感を濃厚な栗の風味とともに堪能したい。中庭の奥にある離れが工房で、注文したケーキが作られていく様子が窓からのぞけるのも楽しい。

また、スイーツのほかにも「やまかけご飯」といったヘルシーなプレートランチも人気。

POINT

温かみあるオレンジ色の光を放つ裸電球に照らされ、趣ある町家の雰囲気が一層きわ立つ

(右上)「わがままショートケーキ」1408円。オレンジリキュールやはちみつが入ったイチゴソースをかけてもおいしい　(左上)国産の五穀米に京都・丹波産山芋のすりおろし、和出汁のジュレ、アボカドなどをのせた「やまかけご飯」990円　(左下)「和栗の10分モンブラン」880円。頂にはラム酒漬けの和栗が

ケーキはオーダーを受けてから作る

ソファ席は子ども用でテーブルも低い

Pick up!

MENU

DRINK

コーヒー(ホット・アイス)　594円
キャラメルラテ
(ホット・アイス)　638円
ヘーゼルナッツラテ
(ホット・アイス)　638円

FOOD & SWEETS

タイ風ガパオライス　990円
おぼろ生チーズケーキ　935円
炙り林檎のシブースト　935円

☎075-821-0303
京都市中京区御供町293
営業時間 10:30〜18:30(LO／18:00)
定休日 なし
席数 38席(テーブル30席、カウンター6席、テラス2席)
カード 不可　**電子マネー** 不可
アクセス 地下鉄東西線「二条城前」駅1番出口から徒歩約5分
駐車場 なし
HP https://kyoto-keizo.com/

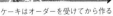

西洞院三条

here《ヒア》

terrace　consent　wi-fi　takeout　book　zakka

名バリスタが淹れる繊細なカフェラテでひと息

　やわらかく泡立つスチームドミルクをカップに注ぎ込む、その動きだけで黒と白の繊細な絵柄を描き出すラテアート「フリーポア」。店主の山口淳一さんは、その技術を競う世界選手権で２０１４年に優勝を果たしたバリスタだ。ところが「実はコーヒーは苦手だった」という山口さん。だからこそ、自身が作るコーヒーの味には生豆の選定から焙煎、抽出の全工程でこだわっている。人気のカフェラテは、最初は確かなコーヒーの風味が感じられるが、次第にミルクの甘みが広がるやさしい味。どんな人もホッと笑顔になれそうだ。

　カフェラテのお供には、山口さんがパリで出合った味を再現したという「ココカヌレ」を。カリッとした表面の歯触りともっちりとした食感を楽しむうちに、オリジナルブレンドのラムの香りと深い甘みがじわっと広がる。これが目当てのファンも多い逸品だ。

POINT

木とコンクリートが主体のスタイリッシュな店内。静かな午前中なら映え写真が狙えそう

(右上)「ココカヌレ」 350円。大ぶりで、外のカリカリ感と中の生地のもっちり感の対比が絶妙　(左上)「カフェラテ(ブレンド)」500円。コーヒー通には「シングルオリジン」550円も

なめらかにミルクを注ぐ山口さん

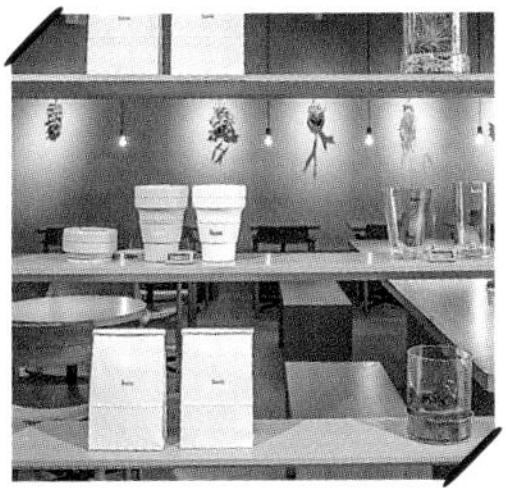

ロゴ入りタンブラーや豆の販売も

Pick up!

MENU

DRINK

ココラテ(Hot)　600円

エルダーフラワージュース
(Hot･Ice)　600円

フラッフィー
(フローズンカフェラテ)
※7月頃～9月頃限定　600円

☎075-254-8260
京都市中京区西洞院三条上ル 姉西洞院町524
営業時間 9:00～18:00
定休日 不定休　**席数** 32席(テーブル28席、カウンター4席)
カード 可 VISA/Master/JCB/AMEX/Diners
電子マネー 可 QUICPay/iD/PayPay
アクセス 地下鉄烏丸線･東西線「烏丸御池」駅5番出口から徒歩約10分
駐車場 なし
HP https://coffeehere.world/

二条城

喫茶チロル《きっさちろる》

terrace consent wi-fi takeout book zakka

COFFEE

懐かしく、温もりある空気に包まれホッとひと息

思わず「ただいま」と言いたくなるような、懐かしさに満ちた喫茶店。黒光りする木の照明やウインザーチェアなど〝昭和〟を随所に感じる店は1968（昭和43）年創業。定番の喫茶ドリンクのほかフードも充実し、ドライカレーやスパゲッティーなど素朴な味を求め、訪れるお客さんが朝8時から途切れない。

なかでも一番人気の「カレー」は二代目・秋岡誠さんが先代の頃から担当。試行錯誤を重ね、昆布出汁やフルーツなど何十種もの隠し味を加え、今の味に行き着いたという。「でもお客さんは『変わらんな』と言うんです」と笑う。そんな気取りのない秋岡さん一家の温かさも、長年愛されてきた理由に違いない。なじみ客の一人でイラストレーター・ナカムラユキさんの絵がメニューを飾り、チロルモチーフのグッズも誕生。ファンの裾野はじわり広がっている。

革製のランプシェード

ロゴ入りのマッチ

ミカン・パイン・マンゴーなどの
酸味と甘みが絶妙

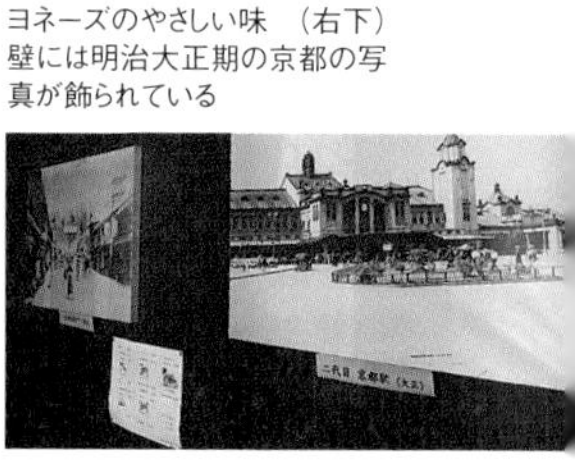

（上）「カツカレー」830円。サクサクのカツとフルーティー&スパイシーなルーが好相性　（左下）「玉子サンド」700円はフワフワの厚焼き玉子にうっすらマヨネーズのやさしい味　（右下）壁には明治大正期の京都の写真が飾られている

Pick up!

MENU

DRINK

ブレンドコーヒー　400円
ミックスジュース　580円
バナナジュース　550円
クリームソーダ　580円

FOOD & SWEETS

イタリアンスパゲッティー　700円
ドライカレー玉子のせ　750円
やきめし玉子のせ　750円

POINT

初代が山好きだったため店内は山小屋風になったそう。外からは赤と黒のツートンの屋根が目印

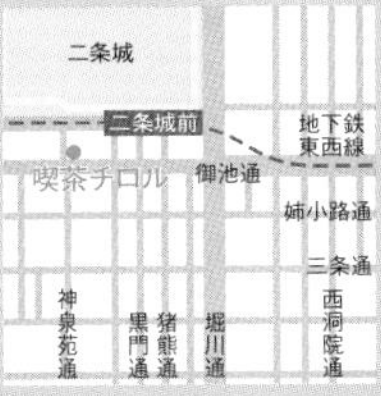

☎075-821-3031
京都市中京区門前町539-3
営業時間 8:00～16:00（LO／15:30）
定休日 日曜、祝日　**席数** 14席（テーブル14席）
カード 不可
電子マネー 不可
アクセス 地下鉄東西線「二条城前」駅から徒歩約7分／JR線「二条」駅3番出口から徒歩約7分
駐車場 なし
HP https://tyrol.favy.jp/

堀川丸太町

ソングバード コーヒー

SONGBIRD COFFEE

terrace consent wi-fi takeout book zakka

グッドデザインに囲まれて各地のコーヒーを飲み比べ

黄色い旗を目印にビルの階段を上がっていくと、白い壁が印象的なスタイリッシュな空間が現れる。ここは家具デザイナーの徳田正樹さんが「ショールームのような存在になれば」と奥さんと共に営むカフェ。店内に配されたイスはすべて徳田さんのデザイン。席ごとに形が異なるが、どれも座り心地がよく、空間を邪魔しないデザインが魅力だ。

こだわりのコーヒーは「焙煎人で選んでもらいたい」と京都・鎌倉・名古屋・岐阜の5名の焙煎人に「SONGBIRD」をテーマにしたブレンドを依頼。同じテーマで焙煎された異なる味わいのブレンドが飲み比べできる。

コーヒーに合うようにと作られた通称「鳥の巣カレー」や「たまごのサンドイッチ」などの豊富なフードメニューと共に、洗練されたデザインあふれる空間でカフェ時間を楽しみたい。

POINT

徳田さんデザインの様々な家具が配された店内は、静かに音楽が流れ、落ち着ける空間

(右上)「たまごのサンドイッチ」980円。フワフワ玉子とマヨネーズのバランスが美味 (左上)「梅園」の羊羹の上にスライスバターがのった「バターようかん」580円。バターの塩気と餡の甘さが絶妙 (左下)半熟卵がごはんの中央にのり、鳥の巣カレーの名で愛される「カレー」980円。大きなチキンが食べ応え抜群

店内ではオリジナルのグッズを販売

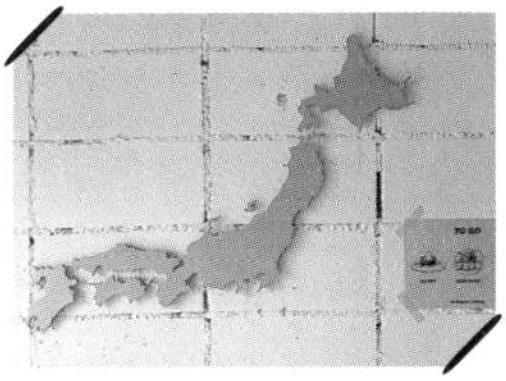
入り口の壁には木製の日本地図が

Pick up!

MENU

DRINK

コーヒー　520円
バナナジュース　750円
クリームソーダ　800円

FOOD & SWEETS

チョコレートパフェ　800円
チーズケーキ　580円
フレンチトースト　850円

☎075-252-2781
京都市中京区竹屋町通堀川東入ル 西竹屋町529 SONGBIRD DESIGN STORE.2F
営業時間 11:30〜20:20(LO/19:20)
定休日 木、第1·3水曜
席数 23席(テーブル20席、カウンター3席)
カード 可 VISA/Master/JCB/AMEX/Diners　**電子マネー** 可 QUICPay/iD ほか
アクセス 市バス「堀川丸太町」停から徒歩約3分
駐車場 なし
HP http://www.songbird-design.jp/

中立売智恵光院

Mantis《マンティス》

terrace consent wi-fi takeout book zakka

多国籍なメニューが楽しい駄菓子屋的な個性派空間

元自転車店の建物を生かし、2020年にオープン。「赤ちゃんや子ども連れの人、地元の人たちが気軽に寄れる場所を」との思いから、サッと座ってパッと食べられるスナック系のメニューが充実している。看板メニューはテイクアウトでも人気のクレープ。ラム酒で香り付けしたもっちり食感の生地にたっぷりのったクリームは、さっぱり軽めの口当たり。大きめサイズながらぺろりと食べられる。

フードメニューにも「タイ風の豚汁をイメージしました」というグリーンカレーをはじめ、NYの屋台フード・チキンオーバーライスやキューバサンドなど、旅好きのオーナーが世界各国で出合った料理を日本風にアレンジしたここならではの味がそろう。

店内もメニューも多国籍でカオス、だけれどどこか落ち着く。一度ハマるとクセになりそうな、駄菓子屋のようなワクワク空間だ。

POINT

自転車店をそのまま受け継いだ店構え。店内は黄色く塗られた壁が明るく印象的

（右上）やさしい味の「グリーンカレーライス」900円は、辛いものが苦手な人もOK　（左上）スパイスでマリネし焼き上げたチキンをヨーグルトソースやサワークリーム、チリソースで味わう「チキンオーバーライス」900円　（左下）「チョコバナナホイップクレープ」450円はボリュームたっぷり。軽めのクリームで食べ飽きない

約20種類のクレープは
KIDSサイズもあり

クレープは注文が入ってから焼く

スタッフ手作りの内・外観も注目

Pick up!

MENU

DRINK

コーヒー　400円
カフェラテ　450円
マンティスのチャイ　550円

FOOD & SWEETS

バターシュガークレープ　350円
ブリュレキャラメル
ホイップクレープ　600円
キューバサンドプレート　900円
焼きたてチュロス　350円

☎075-414-2070
京都市上京区中立売智恵光院上ル 多門町445-19
営業時間 11:00〜19:00（売り切れ次第閉店）
定休日 木曜
席数 10席（テーブル10席）
カード 不可　**電子マネー** 可 PayPay
アクセス 市バス「智恵光院中立売」停から徒歩約2分
駐車場 なし
HP なし

ローヌ《ろーぬ》

terrace consent wi-fi takeout book zakka

ゆっくりワインも楽しめる懐かしさ漂う喫茶店

賑やかな三条会商店街から横道に入ってすぐ。元染物工房をリノベーションした建物で、店内は土壁や柱など元の佇まいを生かした空間。ダークブラウンを基調としたシックなインテリアがレトロな雰囲気を醸すカフェは、木屋町のフレンチレストラン「Brasserie Café ONZE」で料理の腕を磨いた店主・田崎吉基さんが2018年にオープン。

昔ながらの喫茶店をイメージしたというメニューは、プリンやナポリタン、クリームソーダといった喫茶店では王道のラインナップ。どれも素朴な味わいで、雰囲気も相まってどこか懐かしい気分に。

また、「お酒も楽しめる喫茶店」がコンセプトで、とりわけワインは自然派のものを中心に数十種類がそろう。パテやステーキなどのアラカルト類も充実し、さながらビストロのように利用できるのも魅力的だ。

POINT

通りに面した西側の大きな窓を開け放つと、たっぷりの陽光と清々しい風が店内に

（右上）濃厚なソースを絡めた「ナポリタン」900円は、ワインを楽しんだあとにオーダーする人も多いそう　（左上）深煎りの「ドリップコーヒー」450円（アイスは500円）には、岡崎の焙煎所「WOVEN」の豆を使用　（左下）濃厚なカラメルがたっぷりかかった「プリン」500円。しっかりとした食感のクラシックな味わい

トリコロールのレトロな看板

曇りガラスが土壁になじむ

Pick up!

MENU

DRINK

自家製レモネード　500円
クリームソーダ　650円
生ビール　500円

FOOD & SWEETS

田舎風パテ　900円
マッシュルームサラダ　900円
ステーキ　1500円～

☎075-821-2310
京都市中京区三条猪熊町645-1
営業時間 12:00~22:00
定休日 水、木曜　**席数** 14席（テーブル10席、カウンター4席）
カード 可 VISA/Master/AMEX
電子マネー 不可
アクセス 地下鉄東西線「二条城前」駅5番出口から徒歩約3分
駐車場 なし
HP なし

鞍馬口智恵光院

さらさ西陣《さらさにしじん》

terrace　consent　wi-fi　takeout　book　zakka

元銭湯の店内で ボリューム満点のランチを

西陣の静かな住宅街に突如現れる、立派な唐破風を持つ木造建築。築約90年になる元銭湯・旧藤森温泉の佇まいをそのまま生かしたカフェ。

店内に入ると板張りの元脱衣所、正面の階段を数段上がった先にはかつての浴室があり、建築当時に流行したカラフルなマジョリカタイルが全面に張られ空間を華やかに彩る。内容はカフェに変わったけれど、ここで過ごせるのは銭湯さながらのゆったりとしたひとときだ。

自社焙煎珈琲と「さらさ焼き菓子工房」直送のケーキ類が楽しめるほか、大学に近いこともあって、ボリューム満点のフードメニューも人気だ。ランチは「トルコライス」や「鶏の唐揚げ」のほか、日替わりメニューも。ランチと夜メニューの間に夕ご飯メニューもあり、1日中しっかり食事ができるのも魅力的。

マンガや本も豊富

銭湯時代の暖簾

自家製のタルタルと
デミグラスソースがマッチ

(上)「トルコライス」1200円。ロースカツの上にフワフワ卵がオン　(左下)チョコブラウニーやチョコアイスなどチョコ三昧の「さらさのチョコパフェ」880円　(右下)シナモンやココナッツが風味豊かな「キャロットケーキ」550円

Pick up!

MENU

DRINK

コーヒー　550円
ぽろぽろ野いちごクリームソーダ　700円
HOKUZANハーブティ　550円

FOOD & SWEETS

鉄板チョコブラウニー　650円
ラズベリーホワイトチョコブラウニー　430円
クッキー各種　200円

POINT

カラフルなタイルが印象的な店内。明かり取りの窓が付いた天井は高くて開放感抜群！

☎075-432-5075

京都市北区紫野東藤ノ森町11-1

営業時間 11:30~22:00（LO／21:00）※ランチは~15:00

定休日 不定休

席数 44席（テーブル44席）

カード 不可　**電子マネー** 可 PayPay

アクセス 市バス「大徳寺前」停から徒歩約10分／地下鉄烏丸線「鞍馬口」駅2番出口から徒歩約15分

駐車場 2台

HP https://www.cafe-sarasa.com/

嵐山

パンとエスプレッソと嵐山庭園《ぱんとえすぷれっそとあらしやまていえん》

terrace　consent　wi-fi　takeout　book　zakka

茅葺《かやぶ》き屋根の日本家屋で焼きたてパンを堪能

築210年超の歴史的建造物の意匠を生かした店舗は、茅葺き屋根や太い梁(はり)などが印象的な日本家屋。店内には、どこか懐かしくおだやかな時間が流れている。

東京・大阪ほか全国に数多くの店舗を構える「パンとエスプレッソと」が運営するカフェとあって、メニューのハイセンスな味わいとビジュアルは折り紙付き。さらに嵐山ならではの独自のメニューも多数そろう。名物のキューブ型食パン「ムー」を使用する「フレンチトースト」は、京都らしい抹茶風味。毎日飲んでも飽きのこない味を追求したコーヒーの豊かな香りと相性抜群。

スタンドがひときわ目を引く「ブランティーセット・松」は、パンと生ハムやチーズ、サラダ、ケークサレ、カヌレ、フルーツサンドなどがセットに。自慢のパンと共に、多彩な味を少しずつ試せるのが楽しい優雅なメニューだ。

POINT

広々とした畳の空間に設けられた座席はゆったりと心地いい。縁側にはテラス席が

（右上）熱々の鉄板で提供される「抹茶のフレンチトースト」850円（14:00〜）。抹茶ソースが浸み込み中までトロトロ（左上）チョコチップがアクセントの「ムーチョコ」260円など、ベーカリーで購入したパンもカフェで食べられる（ワンドリンクオーダー要）（左下）「ブランティーセット・松」2300円は食後のドリンク付

手入れの行き届いた庭が美しい

カフェを出た奥にベーカリーが

Pick up!
MENU

DRINK
カフェ・ラテ　500円
エスプレッソバナナシェイク　600円
ホワイト クリームソーダ　700円

FOOD & SWEETS
ごま油香る フォカッチャのサバサンド　800円
プリン　550円
ティラミス　550円

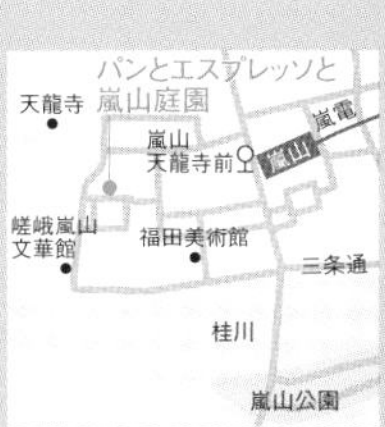

☎075-366-6850
京都市右京区嵯峨天龍寺芒ノ馬場町45-15
営業時間 8:00〜18:00（フードLO／17:00、ドリンクLO／17:30）※ベーカリーは10:00〜
定休日 不定休
席数 40席（テーブル28席、カウンター8席、テラス4席）
カード 可 VISA/Master　**電子マネー** 可 PayPay ほか
アクセス 嵐電「嵐山」駅から徒歩約5分／市バス「嵐山天龍寺前」停から徒歩約5分
駐車場 なし
HP https://bread-espresso.jp/

嵯峨嵐山

neige《ネージュ》 喫茶とおやつ《きっさとおやつ》

terrace　consent　wi-fi　takeout　book　zakka

ナチュラルなおもてなしと〝毎日のおやつ〟が評判

2018年3月、嵐山の中心エリアから少し離れた閑静な場所にオープンした小さなカフェ。店主・北村由紀さんが一つ一つ丁寧に作る見た目もかわいいお菓子が評判だ。入り口のカウンターに置かれたトレイには、マフィンやスコーンなどの焼き菓子がずらりと並ぶ。たくさんの中からお客さんに楽しみながら選んでもらいたいという思いから、気付けばどんどん種類が増えていったのだとか。

コーヒーは地元の人気焙煎所「SARUT COFFEE」の豆を使用。日光がやさしく差し込む店内で、焼き菓子とコーヒーを堪能しながらくつろいでいると、つい時が経つのを忘れてしまう。

「当店のお菓子は素朴ですが、〝毎日のおやつ〟として親しんでいただければうれしいです」と北村由紀さん。その気さくな人柄も相まって、遠方のカフェ好きからも愛される居心地のいい一軒だ。

POINT

北欧をイメージしたシンプルな店内。窓から日光が差し込み、明るく清潔感抜群

(右上)自家製グラノーラやシフォンケーキが盛り込まれた「季節のグラスパフェ」680円（フルーツにより価格が変わる場合あり）（左上)「マフィン　アイスクリーム添え」420円。マフィンは毎日3～4種類がスタンバイ　(左下)爽やかな酸味がアクセントの「レモンケーキ」380円と「コーヒー」460円

ドライフラワーがアクセントに

製菓も接客も一人でこなす北村さん

Pick up!
MENU

DRINK

ゆずジャムとレモンのソーダ　580円
自家製ジンジャーレモネード　580円
コーヒーフロート　650円
ほうじ茶ミルク　560円

FOOD & SWEETS

たまごサンド　650円
本日のタルト　600円
シフォンケーキ　500円

☎075-354-6288
京都市右京区嵯峨釈迦堂門前裏柳町8
営業時間 11:30～17:30(LO／17:00)
定休日 不定休　**席数** 12席(テーブル10席、テラス2席)
カード 不可
電子マネー 可 PayPay
アクセス 市バス「嵯峨小学校前」停から徒歩約2分／JR線「嵯峨嵐山」駅から徒歩約10分
駐車場 3台
HP なし

嵐山

嵐山OMOKAGEテラス《あらしやまオモカゲてらす》

terrace　consent　wi-fi　takeout　book　zakka

ミュージアム内のカフェで心落ち着くひとときを

　嵐山と京都にゆかりのある芸術・文化を発信する「嵯峨嵐山文華館」に併設のカフェで、ミュージアムに入らなくても利用可能。観光地としても人気の嵐山にありながら、メインストリートから一本外れた通りに建つため、喧騒から離れた静かな時間を過ごせる。

　開放的な大きい窓から眺めることができる石庭は、小倉山をわたる風が吹き抜けなんとも爽やか。テラス席はペット連れＯＫということもあり、嵐山散策の合間に訪れる観光客だけでなく、地元住民のファンも多い。

　名物は、国産もち米を使った新感覚パン「くちどけもちこ」。トーストすれば、モチモチの食感とやさしい甘み、香ばしさが楽しめる。サラダやサーモンと合わせた食事系メニューも、アイスやあんこと食べるスイーツ系メニューもそろっているので、いずれもぜひ試してみたい。

POINT

古くから貴族や文化人に愛されてきた嵐山の自然と情緒が堪能できる石庭を望む

Pick up!

MENU

DRINK

フローズンフルーツ＋ソーダ
810円
京抹茶ラテ　560円

FOOD & SWEETS

お出汁と京七味マヨ風味の
卵焼きドックと10種類の野菜の
ガーデンサラダプレート　1200円

「くちどけもちこ」の小倉あん
バタートースト バニラアイスのせ
610円

(上)野菜たっぷりで大満足の「『くちどけもちこ』のバタートーストと10種類の野菜のガーデンサラダプレート」1000円。ドリンク付　(中央)甘くて香ばしく、まろやかな「京ほうじ茶ラテ」510円。アイスも可　(下)湯葉が上にのった「宇治抹茶ティラミス～とろ湯葉仕立て～」610円。中には湯葉やわらび餅がぎっしり

石段を上がり、 右手の冠木門をくぐって店内へ

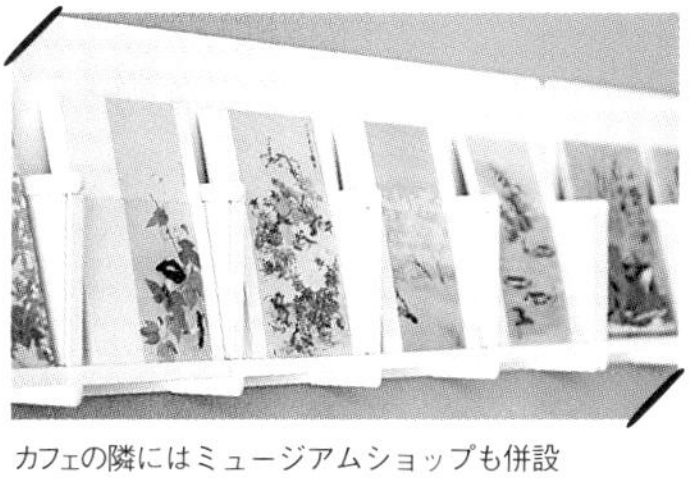

カフェの隣にはミュージアムショップも併設

☎075-882-1111
京都市右京区嵯峨天龍寺芒ノ馬場町11（嵯峨嵐山文華館内）
営業時間 10:00～17:00（フードLO／16:30、ドリンクLO／16:50）
定休日 火曜（祝日の場合は翌日）、嵯峨嵐山文華館の展示替期間
席数 40席（テーブル20席、テラス20席）
カード 可 VISA/Master/JCB/AMEX/Diners ほか　**電子マネー** 可 ほか
アクセス 嵐電「嵐山」駅から徒歩約5分／市バス「嵐山天龍寺前」停から徒歩約5分
駐車場 なし ※車椅子の方は事前予約で対応可（2台）
HP https://www.samac.jp/

50音順 INDEX

50音順に、店名・店名読みがな、おおよその所在地・店の特徴を示すアイコン（テラス・電源・Wi-Fi・テイクアウト・本・雑貨）・掲載ページを挙げています。

お店が探しやすいよう「Cafe」「cafe&galley」などの一部語句の読みは省いて並べています。

●…テラス ●…電源 ●…Wi-Fi ●…テイクアウト ●…本 ●…雑貨

Staff

[編集・制作]
有限会社アリカ
京都市下京区河原町五条南西角 昭栄ビル 4F
https://www.arikainc.com/

[編 集]
伊藤祐樹・澤井祐輝・山下崇徳・溝渕みなみ・坂本綾（アリカ）

[原 稿]
伊藤祐樹・澤井祐輝・坂本綾・白木麻紀子・永野香・藤本りお・
溝渕みなみ・山下崇徳（アリカ）
市野亜由美、佐藤和佳子、佐々木歩、岩朝奈々恵、岡田有貴、原田梨里

[撮 影]
武甕育子（it-Photo Works）、瀬田川勝弘

[デザイン・DTP]
亀山美穂（アリカ）

[地 図]
花村智美、弓岡久美子（あとりえミニ）

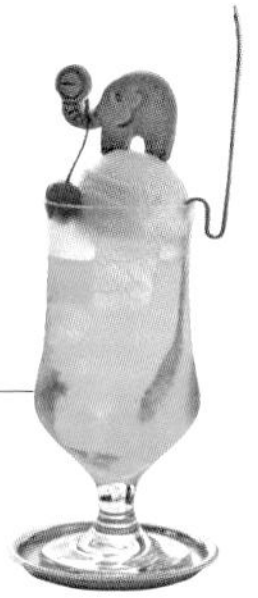

京都　カフェ日和　ときめくお店案内

2021年9月10日　　第1版・第1刷発行

著 者　アリカ
発行者　株式会社メイツユニバーサルコンテンツ
　　　　代表者　三渡 治
　　　　〒102-0093 東京都千代田区平河町一丁目1-8
印 刷　株式会社厚徳社

ご意見・ご感想はホームページから承っております
ウェブサイト　https://www.mates-publishing.co.jp/

編集長：堀明研斗　企画担当：清岡香奈